LA LOI DE L'ATTRACTION

Comment attirer l'amour, l'argent et le succès sans effort

Table des Matières

ATTIRER L'ARGENT

ATTIRER LE SUCCÈS

Introduction

0.1 Comment ce livre peut transformer votre vie ?

Avant de découvrir la loi de l'attraction, j'étais, comme beaucoup, sceptique. J'avais entendu parler de cette idée principalement à travers le film et le livre '*Le Secret*'. À mes yeux, cela ressemblait plus à une stratégie marketing qu'à une véritable méthode de transformation personnelle. Je pensais que la loi de l'attraction était une sorte de concept flou, destiné à vendre des livres et des séminaires, sans une réelle substance ou preuve scientifique.

Pourtant, malgré mon scepticisme, quelque chose m'a poussé à explorer davantage. Peut-être était-ce une curiosité innée, ou un désir de comprendre ce qui poussait tant de personnes à croire en ce concept. J'ai donc commencé à lire, à rechercher et, plus important encore, à expérimenter.

Ce que j'ai découvert m'a profondément étonné. J'ai réalisé que la loi de l'attraction n'était pas simplement une formule magique pour obtenir tout ce que l'on veut sans effort. Au contraire, il s'agissait d'un processus complexe, impliquant nos pensées, nos émotions et nos actions. J'ai appris que nos pensées influencent notre réalité, non pas de manière mystique, mais grâce à des mécanismes psychologiques et comportementaux bien réels.

Ma propre expérience a été une révélation. J'ai commencé à appliquer les principes de la loi de l'attraction dans ma vie quotidienne, en me concentrant sur des pensées positives, en définissant clairement mes objectifs et en alignant mes actions en conséquence. Les résultats ne se sont pas fait attendre. Non seulement ma perception de la vie a changé, mais j'ai également commencé à constater des améliorations tangibles dans ma vie personnelle et professionnelle.

Ce livre est le fruit de mon expérience. Je l'ai écrit pour partager mes découvertes et mes expériences, dans l'espoir qu'il puisse également transformer votre vie. Vous y trouverez des explications claires, des stratégies pratiques et des conseils réalistes pour appliquer la loi de l'attraction de manière concrète. Mon objectif est de vous montrer que, loin d'être une simple illusion, la loi de l'attraction est un outil puissant pour le développement personnel et la réalisation de soi.

En le lisant, vous découvrirez comment transformer vos pensées en actions, vos rêves en réalité. Vous ferez des découvertes passionnantes, et je suis ravi de vous accompagner à travers ces pages. Bienvenue dans le monde où vos pensées façonnent votre avenir. Bienvenue dans la transformation de votre vie grâce à la loi de l'attraction.

0.2 Comment utiliser ce livre ?

Dès le moment où j'ai découvert la loi de l'attraction, ma vie a pris un tournant radical. Ce livre, que vous tenez entre vos mains, est le résultat de cette transformation profonde. Conçu pour être lu et relu, il est destiné à devenir votre compagnon de tous les jours, un guide vers un épanouissement personnel continu. Après votre première lecture, vous découvrirez la richesse de son contenu, vous incitant à revenir vers les chapitres qui résonnent le plus avec vous à différents moments de votre parcours personnel.

Si vous aspirez à plus dans votre vie, à devenir la meilleure version de vous-même, ce livre est pour vous. Que vous souhaitiez manifester l'amour, l'abondance financière, ou toute autre forme de succès, les principes abordés ici sont universels et s'appliquent à tous les domaines de la vie.

Ce guide est conçu pour être pragmatique et facile à comprendre. Chaque chapitre vous fournit des outils et des stratégies concrètes pour mettre en pratique la loi de l'attraction. Il ne s'agit pas de théories abstraites, mais de méthodes éprouvées que vous pouvez appliquer immédiatement pour voir des changements tangibles dans votre vie.

Ce livre est plus qu'une simple lecture; c'est votre compagnon dans votre quête de croissance personnelle. Il est conçu pour être consulté régulièrement, vous offrant des rappels et des encouragements au moment où vous en avez le plus besoin. Que vous cherchiez à améliorer un aspect spécifique de votre vie ou à entreprendre une transformation globale, ce guide est là pour vous accompagner à chaque étape.

Il vous offre la clé pour débloquer votre potentiel et manifester la vie de vos rêves. Ce livre n'est pas juste une source d'information, mais un outil dynamique pour votre développement personnel. Bienvenue dans votre quête de croissance personnelle, où chaque page vous rapproche un peu plus de la réalisation de vos rêves.

PARTIE 1

Comprendre la Loi de l'Attraction

CHAPITRE 1 :

Fondements de la loi de l'attraction

1.1 Introduction à la Loi de l'Attraction

Lorsque j'ai plongé dans l'étude de la loi de l'attraction, ma curiosité m'a d'abord poussé à explorer ses racines. Cette exploration m'a mené à travers un voyage historique fascinant, révélant que les idées fondamentales de la loi de l'attraction sont loin d'être nouvelles. Elles s'ancrent profondément dans des philosophies et des croyances anciennes, témoignant de la quête de l'humanité pour comprendre et influencer sa réalité.

L'un des premiers exemples de ces idées peut être trouvé dans les textes anciens des Védas en Inde. Ces écritures sacrées, parmi les plus anciennes de l'humanité, évoquent déjà l'idée que l'esprit humain a une influence directe sur l'environnement et la réalité. Cette notion était vue non seulement comme un concept spirituel mais aussi comme un principe pratique pour vivre une vie harmonieuse et épanouie. Ces enseignements védiques soulignent l'importance de la pensée positive et de la manifestation consciente, concepts qui résonnent fortement avec les principes modernes de la loi de l'attraction.

Parallèlement, dans la Grèce antique, des philosophes tels qu'Héraclite et Platon discutaient déjà de l'impact des pensées sur notre réalité. Ils croyaient que nos perceptions et notre esprit jouent un rôle crucial dans la formation de notre expérience du monde. Ces philosophes grecs ont posé les fondements de la pensée occidentale sur le pouvoir de l'esprit, une idée qui a lentement évolué et a été adoptée dans diverses formes tout au long de l'histoire de la philosophie occidentale.

Au fil des siècles, ces concepts ont traversé divers courants de pensée, se mélangeant avec des croyances spirituelles et des découvertes scientifiques. Au 19ème et au début du 20ème siècle, avec l'avènement de la Nouvelle Pensée et des premières théories psychologiques, les principes de la loi de l'attraction ont pris une forme plus structurée et ont commencé à s'intégrer dans la culture populaire. Des auteurs comme Wallace D. Wattles et Napoleon Hill ont contribué à populariser l'idée que nos pensées ont le pouvoir de façonner notre réalité, s'appuyant sur des témoignages et des explications plus approfondies.

Ainsi, en remontant aux origines de la loi de l'attraction, j'ai découvert un riche héritage de sagesse et de connaissance. Ces anciennes philosophies et ces développements modernes se combinent pour former le fondement de ce que nous connaissons aujourd'hui comme la loi de l'attraction, un principe puissant qui propose que nos pensées et nos croyances ont la capacité de façonner activement notre réalité.

Principes de base et fonctionnement

L'essence même de la loi de l'attraction repose sur un concept à la fois simple et profond : nos pensées et notre énergie attirent des expériences similaires dans notre vie. Lorsque j'ai commencé à intégrer ce principe dans mon quotidien, les effets ont été immédiats et remarquables. En orientant consciemment mes pensées vers des objectifs positifs et en alignant mes actions en conséquence, j'ai observé une augmentation notable d'opportunités et de coïncidences favorables. Cela m'a ouvert les yeux sur le potentiel inexploité de mes propres pensées.

Pour comprendre comment la loi de l'attraction opère, il est essentiel de reconnaître qu'elle agit à deux niveaux distincts : le niveau conscient et le niveau inconscient. Au niveau conscient, nous avons le pouvoir de diriger nos pensées vers des buts et des aspirations spécifiques. Cette direction délibérée de nos pensées peut sembler simple, mais elle requiert une discipline et une pratique régulière. Il s'agit de cultiver une attitude mentale positive, en se concentrant sur ce que nous désirons atteindre plutôt que sur ce que nous souhaitons éviter.

Parallèlement, au niveau inconscient, nos croyances profondes et nos attitudes préconçues jouent un rôle tout aussi crucial. Souvent, sans que nous en soyons pleinement conscients, ces croyances façonnent notre perception du monde et nos réactions aux événements. Par exemple, si nous croyons inconsciemment que nous ne méritons pas le succès, nous pouvons involontairement repousser les opportunités qui se présentent. Par conséquent, travailler sur ces croyances inconscientes est tout aussi important que de contrôler ces pensées conscientes.

En appliquant ces principes à ma propre vie, j'ai appris à non seulement transformer mes actions mais aussi à reprogrammer mes réactions face aux différentes situations. Cela implique d'être plus attentif à mes pensées et émotions et de les aligner avec mes objectifs. J'ai dû apprendre à reconnaître et à modifier les croyances limitantes qui m'empêchaient d'avancer. Cette prise de conscience m'a permis de développer une approche plus proactive et maîtrisée de la vie.

Ce qui m'a le plus frappé dans la loi de l'attraction, c'est sa capacité à nous rendre acteurs de notre destinée. Plutôt que de subir passivement les événements, nous avons le pouvoir d'utiliser nos pensées pour influencer activement notre trajectoire de vie. Cette prise de conscience a été un tournant décisif, m'ouvrant les yeux sur le pouvoir que nous avons tous de façonner notre avenir.

En somme, la loi de l'attraction n'est pas une baguette magique qui réalise instantanément nos souhaits. C'est plutôt un outil puissant qui, lorsqu'il est utilisé avec intention et pratique, peut transformer radicalement notre expérience de vie. En apprenant à maîtriser ce processus, nous pouvons non seulement atteindre nos objectifs mais aussi vivre une vie plus épanouie et alignée avec nos aspirations les plus profondes.

1.2 Les Trois Composantes Clés

Dans ma pratique et ma compréhension de la loi de l'attraction, trois éléments se sont avérés essentiels : la pensée, l'émotion et l'action. Chacun de ces éléments joue un rôle dans la manifestation de nos désirs et objectifs. Permettez-moi de vous expliquer comment ces composantes interagissent et comment les harmoniser pour maximiser l'efficacité de la loi de l'attraction dans votre vie.

Pensée

La pensée est le point de départ de tout processus de changement et d'évolution personnelle. C'est en prenant conscience de ce principe que j'ai commencé à explorer la puissance de mes propres pensées. Chaque pensée que nous avons est comme une semence qui, une fois plantée dans l'esprit, peut germer et grandir, influençant profondément notre perspective et notre comportement. Lorsque j'ai appliqué la loi de l'attraction dans ma vie, la première étape a été de devenir plus attentif à ce dialogue interne constant et d'apprendre à orienter mes pensées de manière constructive et positive.

Le processus de maîtrise de nos pensées n'est pas une tâche facile. Il exige une vigilance constante et une discipline. J'ai dû apprendre à identifier les schémas de pensée négatifs dès qu'ils émergeaient et à les remplacer consciemment par des pensées positives. Par exemple, au lieu de me laisser submerger par des doutes ou des craintes concernant mes capacités, j'ai choisi de me concentrer sur des pensées d'auto-efficacité et de réussite. Cette approche a nécessité un effort soutenu, car les anciens modèles de pensée peuvent être profondément enracinés et difficiles à modifier.

Une autre étape clé dans la gestion des pensées est de comprendre que nos pensées ne sont pas seulement des réflexions passagères; elles ont une influence tangible sur notre réalité. En cultivant des pensées alignées avec mes objectifs, j'ai commencé à remarquer une corrélation directe entre mes pensées et les événements de ma vie. Si je nourrissais des pensées d'abondance et de prospérité, je trouvais que de nouvelles opportunités de richesse et de succès commençaient à se présenter dans ma vie.

Le changement de pensée est un processus progressif. Il ne s'agit pas de transformer instantanément chaque pensée négative en une pensée positive, mais plutôt d'évoluer vers une mentalité globalement plus optimiste et proactive. Cette transition nécessite du temps, de la patience et de la persévérance. Au fil du temps, en cultivant des pensées positives, j'ai remarqué un changement significatif dans ma perception de moi-même et du monde qui m'entoure.

J'ai aussi compris que la pensée positive ne signifie pas ignorer la réalité ou nier les défis. Il s'agit plutôt d'adopter une perspective qui favorise la résilience, la solution de problèmes et la croissance personnelle. En choisissant délibérément des pensées qui soutiennent mes objectifs et aspirations, j'ai pu créer une base solide pour des actions efficaces et des émotions positives, ce qui a conduit à des résultats tangibles et positifs dans ma vie.

Émotion

Les émotions jouent un rôle fondamental dans la loi de l'attraction, agissant comme le moteur qui donne vie à nos pensées. Au cours de mon exploration de la loi de l'attraction, j'ai rapidement compris que pour manifester efficacement mes désirs, il ne suffisait pas simplement d'y penser; je devais aussi ressentir profondément les émotions correspondant à leur réalisation. Cette compréhension a été un élément clé dans ma capacité à utiliser la loi de l'attraction de manière efficace.

Les émotions positives telles que la joie, l'enthousiasme et la gratitude ont une puissance particulière pour amplifier nos intentions et les transformer en réalité tangible. Lorsque nous ressentons ces émotions, elles augmentent la fréquence vibratoire de nos pensées, les rendant plus puissantes et efficaces. Par exemple, dans ma quête de réussite professionnelle, au lieu de me concentrer uniquement sur l'idée de réussir, j'ai commencé à cultiver activement les sentiments de confiance, d'accomplissement et de gratitude pour les opportunités présentes et futures.

Ces émotions doivent toutefois être authentiques. Il ne s'agit pas de forcer ou de feindre des sentiments positifs, mais plutôt de les cultiver de manière naturelle. Dans mon expérience, cela signifiait trouver des raisons de me sentir reconnaissant et heureux dans ma vie actuelle, ce qui a créé une base solide pour des émotions positives plus fortes et plus cohérentes.

Un autre aspect des émotions dans la loi de l'attraction est la cohérence émotionnelle. Les émotions fluctuantes ou contradictoires peuvent brouiller nos intentions et diluer leur pouvoir. En travaillant sur la cohérence émotionnelle, j'ai appris à maintenir un état émotionnel stable et aligné avec mes objectifs, renforçant ainsi ma capacité à attirer ce que je désirais.

Action

L'action sert de pont entre le monde des pensées et des émotions, et celui de la réalité concrète. Il est rapidement devenu évident que sans action, mes pensées et émotions restaient simplement des désirs non réalisés. La prise de mesures concrètes en direction de mes objectifs a été le facteur déterminant pour transformer mes aspirations en réalité.

L'action dans le cadre de la loi de l'attraction n'est pas une action aveugle ou désordonnée; elle doit être intentionnelle et alignée avec vos pensées et émotions. Cela signifie que chaque pas que vous faites doit être en harmonie avec vos objectifs. Dans ma propre expérience, cela a impliqué la mise en place de plans d'action spécifiques, la définition d'étapes réalisables et l'engagement dans des activités qui reflétaient directement mes objectifs et aspirations.

Vous devez surtout faire preuve de persistance. La loi de l'attraction n'apporte pas des résultats instantanés; elle exige patience et persévérance. J'ai eu des moments de doute et de frustration, mais la clé a été de rester engagé et de continuer à agir malgré les défis. C'est cette persistance qui m'a finalement conduit à des résultats tangibles et mesurables.

En réalité, c'est un processus d'apprentissage. Chaque action que nous entreprenons offre des leçons précieuses, même si le résultat n'est pas celui que nous avions initialement envisagé. J'ai appris à voir chaque action comme une opportunité de croissance et de développement, ajustant mes stratégies et mes approches en fonction des retours que j'obtenais. Cette approche d'apprentissage continu a non seulement aidé à affiner mes actions mais a également enrichi mon expérience globale avec la loi de l'attraction.

Chaque fois que nous agissons, nous envoyons un message puissant à l'univers et à nous-mêmes sur notre détermination à réaliser nos rêves. Cet engagement actif est une force motrice puissante dans le processus de manifestation, renforçant l'alignement entre nos désirs, nos pensées, nos émotions et nos actions. L'action est donc le catalyseur qui convertit le potentiel en réalité.

1.3 L'Univers et Vous

L'idée de la connexion entre l'individu et l'univers est un pilier central de ma compréhension de la loi de l'attraction. Plutôt que de percevoir l'univers comme une entité distante ou indifférente, je l'ai vu comme un champ interactif dynamique. Dans ce champ, chaque pensée et intention que j'émettais semblaient avoir un impact réel et mesurable. Cette prise de conscience m'a ouvert les yeux sur le fait que nous sommes intégrés dans un réseau plus vaste, un système interconnecté où nos pensées et actions envoient des vibrations qui résonnent bien au-delà de notre sphère personnelle.

Cette connexion avec l'univers n'est pas une simple spéculation théorique, mais une réalité vécue avec des implications concrètes. J'ai constaté que, lorsque mes pensées et mes actions étaient en harmonie avec mes intentions profondes, une sorte de synchronicité commençait à se manifester dans ma vie. Cela se traduisait par des opportunités qui apparaissaient exactement quand j'en avais besoin et des rencontres fortuites qui semblaient orchestrées pour soutenir mes ambitions. Ces expériences ont renforcé ma conviction que notre interaction avec l'univers est loin d'être unilatérale; elle est plutôt dynamique et participative.

Cette relation dynamique avec l'univers m'a appris l'importance de l'alignement intérieur. J'ai réalisé que lorsque mes pensées, émotions et actions étaient en parfait accord, non seulement je me sentais plus centré et en paix, mais les résultats extérieurs de ma vie commençaient également à refléter cette harmonie. Des objectifs auparavant difficiles à atteindre semblaient s'ouvrir avec moins d'effort, et mes projets prenaient forme de manière plus fluide et naturelle.

Comment vos pensées façonnent votre réalité ?

La compréhension que nos pensées façonnent activement notre réalité est un fondement essentiel de la loi de l'attraction. Cette prise de conscience a été une révélation pour moi, marquant un tournant décisif dans ma vie. Au fur et à mesure que je me concentrais sur des pensées positives et alignais mon esprit sur mes objectifs, j'ai commencé à observer des transformations tangibles dans ma réalité quotidienne. Cela a renforcé ma conviction que nos pensées ne sont pas de simples réflexions passives, mais de puissants outils capables de modeler notre environnement et nos expériences.

Par exemple, en mettant l'accent sur la croissance professionnelle et en maintenant une attitude positive face à mes ambitions de carrière, j'ai constaté un changement remarquable dans les opportunités qui se présentaient à moi. J'ai commencé à recevoir des propositions d'emploi attrayantes et à rencontrer des individus influents dans mon domaine, ouvrant ainsi des portes qui semblaient auparavant fermées. Ces expériences m'ont montré que, par mes pensées et ma focalisation intentionnelle, je pouvais influencer positivement le cours de ma carrière.

Ce principe s'est également manifesté dans ma façon de gérer les défis et les obstacles. Dans le passé, j'ai souvent interprété les difficultés comme des échecs ou des blocages. Cependant, en modifiant ma perspective et en voyant ces défis comme des opportunités d'apprentissage et de croissance, j'ai pu les aborder avec une plus grande résilience et une efficacité accrue. Cette approche proactive m'a permis non seulement de surmonter les obstacles avec moins de stress, mais aussi de transformer ces défis en tremplins vers de plus grands succès.

Cette nouvelle manière de penser a eu un impact profond sur mes relations personnelles et professionnelles. En cultivant des pensées empreintes d'empathie, de compréhension et de coopération, j'ai constaté une amélioration notable dans la qualité de mes interactions avec les autres. Les gens semblaient plus enclins à collaborer avec moi, et j'ai pu construire des relations plus solides et plus significatives, tant dans ma vie personnelle que professionnelle.

Finalement, j'ai réalisé que je n'étais pas simplement un spectateur de ma vie, mais un acteur clé capable d'influencer son cours. En alignant mes pensées avec mes aspirations les plus profondes et en prenant des actions correspondantes, j'ai pu créer une réalité qui reflétait mes désirs et mes valeurs. Cette capacité d'utiliser mes pensées pour influencer positivement ma vie est devenue une source d'empowerment et d'inspiration.

CHAPITRE 2 :
Science et psychologie derrière la loi de l'attraction

2.1 Perspectives Scientifiques

La loi de l'attraction est souvent perçue comme un concept spirituel ou philosophique. Elle trouve toutefois en réalité des appuis dans divers domaines scientifiques. J'ai exploré les recherches et les études liées à ce sujet pour comprendre et expliquer son efficacité sous un angle scientifique.

Études et recherches sur la loi de l'attraction

Les recherches scientifiques sur la loi de l'attraction se concentrent sur l'impact profond de nos pensées et émotions sur nos expériences de vie. Dans le domaine de la psychologie positive, de nombreuses études ont mis en lumière l'influence des pensées et attitudes positives sur le bien-être général des individus. Ces recherches démontrent que les personnes qui adoptent une vision positive de la vie tendent à obtenir de meilleurs résultats dans plusieurs aspects de leur existence, notamment en matière de santé, de relations interpersonnelles et de réussite professionnelle. Ces résultats suggèrent que l'optimisme et une attitude positive ne sont pas seulement des états d'esprit agréables, mais peuvent également entraîner des bénéfices concrets dans notre vie quotidienne.

L'impact des pensées positives a été observé dans de nombreux domaines. Par exemple, dans le secteur professionnel, des études ont montré que les personnes ayant une attitude optimiste face à leur carrière ont tendance à réussir mieux et plus rapidement que celles qui se concentrent sur les aspects négatifs. Cela s'explique en partie par le fait que les pensées positives génèrent de la motivation et de l'énergie, conduisant à une meilleure performance et à une plus grande persévérance face aux défis.

En termes de santé, la psychologie positive a également révélé que les personnes qui entretiennent des pensées et des émotions positives bénéficient souvent d'une meilleure santé physique. L'optimisme a été associé à une meilleure fonction immunitaire, à une récupération plus rapide après des interventions chirurgicales et même à une longévité accrue. Ces découvertes suggèrent que la manière dont nous pensons et ressentons peut avoir un impact direct sur notre bien-être physique.

La psychologie sociale, quant à elle, s'est penchée sur le phénomène de la prophétie auto-réalisatrice. Ce concept décrit comment nos croyances et attentes peuvent influencer le déroulement des événements dans notre vie. Par exemple, si nous croyons fermement en notre capacité à réussir dans une tâche donnée, cette conviction peut nous amener à agir de manière plus confiante et déterminée, augmentant ainsi nos chances de succès. Inversement, si nous doutons de nos capacités, nous risquons de limiter nos actions et de créer inconsciemment les conditions d'un échec.

Ces recherches en psychologie sociale et positive fournissent une base scientifique solide pour la loi de l'attraction. Elles montrent que nos pensées et émotions ne sont pas simplement des réactions passives à notre environnement, mais des forces actives qui façonnent notre expérience de la vie. En comprenant et en appliquant ces principes, nous pouvons utiliser nos pensées et émotions pour influencer positivement notre réalité et créer les conditions pour une vie plus épanouissante et réussie.

2.2 Psychologie de la Loi de l'Attraction

Lorsque j'ai commencé à explorer les enseignements de la loi de l'attraction, j'ai fait une découverte majeure sur l'impact puissant de mes propres croyances sur ma vie quotidienne et mes aspirations. Je me suis rendu compte que j'étais entravé par des pensées limitatives, qui m'empêchaient de réaliser mon véritable potentiel. Cette révélation est devenue encore plus claire lors d'une conversation avec mon ami Marc, qui a souligné l'existence des croyances auto-réalisatrices. Il m'a expliqué que si je continuais à croire que je n'étais pas assez compétent ou capable, ces croyances négatives influenceraient inévitablement mes actions et mes résultats.

Un jour, Marc m'a fait une remarque qui a profondément résonné en moi. "Tu sais, Jean-Denis, c'est comme si nos croyances étaient un script que nous suivons inconsciemment", a-t-il dit. "Si tu changes le script, tu changes le jeu." Ces paroles m'ont fait comprendre que pour transformer ma réalité, je devais d'abord reprogrammer mes croyances internes.

Animé par cette nouvelle perspective, j'ai entrepris un travail intérieur pour transformer mes croyances. J'ai commencé à remplacer mes doutes et incertitudes par des convictions solides de succès et de compétence. Marc m'encourageait régulièrement dans ce processus, me rappelant que chaque pas vers des pensées positives était un pas vers la réalisation de mes objectifs.

"Chaque fois que tu remplaces une pensée négative par une positive, tu t'ouvres à de nouvelles possibilités", répétait souvent Marc. J'ai pris cette philosophie à cœur et, au fil du temps, j'ai observé des changements notables. Non seulement ma confiance en moi s'est renforcée, mais les opportunités ont commencé à se manifester de manière que je n'aurais jamais cru possible. Cette expérience a solidifié ma croyance dans le pouvoir des pensées et des croyances auto-réalisatrices, et a renforcé mon engagement envers les principes de la loi de l'attraction.

L'impact de la pensée positive

L'effet transformateur de la pensée positive sur le bien-être mental a été une découverte clé dans mon parcours avec la loi de l'attraction, un sujet que mon ami et moi abordions souvent. Ayant longtemps combattu le pessimisme, Marc a observé des améliorations remarquables dans son bien-être global après avoir adopté une attitude plus optimiste.

Lors d'une de nos conversations, Marc a partagé son expérience avec enthousiasme : "Tu sais, Jean-Denis, quand j'ai commencé à vraiment me concentrer sur les aspects positifs de ma vie, même dans les petites choses, j'ai ressenti un changement significatif. C'était comme si en changeant ma façon de penser, ma réalité entière s'était transformée."

Ses paroles m'ont profondément marqué et m'ont encouragé à incorporer la pensée positive dans ma routine quotidienne. J'ai commencé à prêter attention aux bons moments, petits ou grands, et à exprimer ma gratitude pour eux. Que ce soit pour une tâche accomplie au travail ou pour un moment de calme pendant la journée, je prenais le temps de reconnaître ces instants positifs.

"Chaque matin, je prends quelques minutes pour réfléchir aux choses pour lesquelles je suis reconnaissant", a expliqué Marc lors d'une autre discussion. "Cela m'aide à commencer la journée avec une perspective positive et à maintenir cette énergie tout au long de la journée."

En suivant cet exemple, j'ai constaté une amélioration notable de mon bien-être mental. Je me sentais moins accablé par le stress et l'anxiété, et plus en mesure de faire face aux défis quotidiens avec une attitude résolument positive. Cette approche a non seulement amélioré mon humeur, mais a également eu un impact positif sur mes relations et mes performances professionnelles. La pensée positive, comme l'avait si bien dit Marc, était comme un levier qui changeait ma perception et, par extension, ma réalité.

Transformer ses croyances limitantes

La transformation de mes croyances limitantes a été un parcours complexe, marqué par des discussions enrichissantes avec mon ami Marc. Nos échanges fréquents sur nos expériences et nos luttes dans ce processus de changement ont révélé que le premier pas vers une transformation durable était de reconnaître et de défier activement ces croyances restrictives.

Lors de nos échanges, Marc avait l'habitude de me rappeler l'importance de cette démarche. "Tu sais, Jean-Denis, chaque fois que tu identifies une croyance limitante et que tu la remets en question, tu réduis son emprise sur toi", répétait-il souvent. "C'est un effort constant, mais les résultats en valent la peine."

Inspiré par ces mots, j'ai entrepris de réévaluer mes propres croyances. J'ai commencé à identifier celles qui m'entravaient, les remplaçant progressivement par des affirmations positives et des visualisations de succès. Ce processus n'était pas seulement une pratique mentale, mais une véritable rééducation de ma façon de penser et de percevoir le monde.

"Chaque croyance que tu changes est une porte que tu ouvres vers de nouvelles opportunités", m'encourageait Marc. Armé de cette perspective, j'ai progressivement constaté des changements dans ma vie. Non seulement ma confiance en moi s'est accrue, mais j'ai également commencé à percevoir des possibilités qui m'étaient auparavant invisibles. Ce travail sur mes croyances limitantes a eu un impact profond, me permettant d'accéder à un potentiel que je n'avais jamais pleinement exploité auparavant.

Changer de perspective

Notre parcours commun, à Marc et moi, marqué par un effort conscient pour remodeler nos croyances et adopter une perspective plus positive, nous a transformés à plusieurs niveaux. En remplaçant les pensées et les croyances limitantes par des visions de succès et d'optimisme, nous avons constaté des changements notables dans nos vies. Ces améliorations ne se limitaient pas à des réussites extérieures; elles englobaient également une augmentation significative de notre bien-être mental et une plus grande satisfaction dans nos interactions quotidiennes.

Cette expérience m'a profondément convaincu de la puissance réelle de la loi de l'attraction. Il ne s'agit pas d'un simple concept théorique ou d'une idée abstraite, mais plutôt d'une force psychologique tangible capable d'influencer positivement notre réalité. La mise en œuvre de la loi de l'attraction, à travers la modification de nos croyances et l'adoption d'une attitude positive, s'est manifestée par des bénéfices concrets dans nos vies personnelles et professionnelles. Cette réalisation a non seulement renforcé ma confiance en la validité de la loi de l'attraction, mais elle a également renouvelé mon engagement à vivre selon ses principes.

On a démontré que la loi de l'attraction n'est pas seulement une question de pensée, mais aussi d'action et de transformation. En appliquant ses principes, nous avons non seulement amélioré nos vies, mais aussi acquis une compréhension plus profonde de notre propre potentiel et de notre capacité à influencer notre réalité. C'est une vérité puissante qui, je crois, peut aider chacun à réaliser ses aspirations les plus profondes.

2.3 Critiques et Scepticisme

La loi de l'attraction, malgré sa popularité, n'est pas à l'abri de critiques, notamment dans le domaine scientifique. En tant qu'adepte de cette philosophie, j'ai pris le temps d'examiner ces critiques pour mieux comprendre et répondre à leurs préoccupations.

Une critique courante est que la loi de l'attraction manque de preuves empiriques solides. Les sceptiques soulignent souvent l'absence d'études rigoureuses démontrant de manière concluante que les pensées peuvent directement influencer la réalité extérieure. En tant que personne pragmatique, je reconnais l'importance de cette critique. Cependant, je soutiens également que l'efficacité de la loi de l'attraction peut être observée dans les changements personnels et les améliorations du bien-être, même si ces effets ne sont pas toujours faciles à mesurer dans un cadre scientifique traditionnel.

En réponse aux sceptiques

Face au scepticisme, j'estime qu'il est essentiel d'adopter une approche équilibrée. Il ne s'agit pas de prétendre que la loi de l'attraction est une solution miracle à tous les problèmes de la vie, mais plutôt de reconnaître son potentiel en tant qu'outil de développement personnel.

Pour répondre aux sceptiques, je m'appuie sur des expériences personnelles et des témoignages d'autres personnes ayant bénéficié de la loi de l'attraction. Ces histoires, bien que subjectives, offrent des perspectives précieuses sur la manière dont la modification des pensées et des attitudes peut conduire à des changements positifs dans la vie.

En outre, j'encourage une exploration personnelle de la loi de l'attraction. Plutôt que de l'accepter aveuglément, je conseille aux gens de l'expérimenter par eux-mêmes et de voir comment elle peut s'appliquer à leur propre vie. Cette approche pratique permet à chacun de juger de son efficacité sur la base de ses propres expériences.

Alors bien que la loi de l'attraction fasse l'objet de critiques et de scepticisme, je crois fermement en son potentiel comme outil de transformation personnelle. Il est important de garder un esprit ouvert et d'explorer ses principes de manière pragmatique et expérientielle. En fin de compte, la véritable mesure de son efficacité réside dans les changements positifs qu'elle peut apporter dans la vie de ceux qui la pratiquent.

CHAPITRE 3 :
Démystifier les idées reçues

3.1 Dissiper les Mythes

Les fausses idées sur la loi de l'attraction sont non seulement répandues dans la culture populaire, mais elles étaient également enracinées dans mes propres croyances et celles de mes proches. Confronter et clarifier ces mythes est essentiel pour comprendre la véritable essence de la loi de l'attraction.

Mythe 1: La loi de l'attraction est une solution rapide à tous les problèmes

Le mythe selon lequel la loi de l'attraction est une solution rapide et sans effort à tous les problèmes de la vie est largement répandu et a souvent été source de confusion parmi mes amis et ma famille. Lorsque j'ai commencé à appliquer les principes de la loi de l'attraction dans ma vie, beaucoup pensaient que j'espérais des changements immédiats et miraculeux sans vraiment investir d'effort personnel. Cependant, j'ai vite compris que la réalité était tout autre. La loi de l'attraction n'est pas un raccourci magique pour atteindre ses objectifs; elle requiert plutôt un engagement profond envers le développement personnel et une action intentionnelle. Elle implique de travailler sur soi-même, de remettre en question ses croyances limitantes et de prendre des mesures concrètes pour réaliser ses aspirations.

Ce mythe crée souvent des attentes irréalistes, menant à la déception lorsque les résultats instantanés ne se matérialisent pas. J'ai dû expliquer à plusieurs reprises à mon entourage que la loi de l'attraction n'efface pas les défis de la vie, mais offre plutôt des outils pour les aborder avec une perspective plus positive et constructive. Il s'agit d'un processus continu d'alignement de nos pensées, émotions et actions avec nos objectifs et désirs. Cette compréhension m'a aidé, ainsi que mes proches, à reconnaître la valeur de la patience et de la persévérance dans la pratique de la loi de l'attraction.

En définitive, la loi de l'attraction est moins une formule magique pour le succès instantané et plus une méthode pour cultiver un état d'esprit qui favorise la croissance personnelle et le bien-être. Elle encourage à adopter une attitude proactive face à la vie, où chaque pensée et action sont dirigées consciemment vers la réalisation de nos aspirations les plus profondes. Cette approche nécessite du temps, de la discipline et une réelle introspection, mais les résultats, bien que progressifs, sont profondément gratifiants et durables.

Mythe 2: La loi de l'attraction nie la réalité des problèmes

L'idée fausse selon laquelle la pratique de la loi de l'attraction équivaut à ignorer ou nier l'existence de problèmes réels est un mythe auquel j'ai moi-même cru au début de mon parcours. Cette croyance est également répandue parmi mes amis et ma famille, qui ont souvent interprété mon intérêt pour la loi de l'attraction comme une tentative d'échapper à la réalité des défis de la vie. Cependant, à mesure que j'approfondissais ma compréhension et ma pratique, j'ai réalisé que la loi de l'attraction n'est pas une évasion de la réalité, mais une méthode pour l'affronter avec une attitude plus positive et constructive. Il ne s'agit pas de fermer les yeux sur les difficultés, mais de les aborder avec une perspective qui favorise la résolution et la croissance.

En discutant avec mes proches, j'ai souligné que la loi de l'attraction nous encourage à reconnaître et à accepter les défis tout en maintenant une vision optimiste de leur résolution. Plutôt que de nier l'existence de problèmes, elle nous enseigne à les voir comme des opportunités d'apprentissage et de développement personnel. Cette approche ne minimise pas les difficultés, mais offre des stratégies pour les surmonter de manière proactive et saine. En adoptant cette perspective, non seulement nous devenons plus résilients face aux épreuves, mais nous sommes également mieux équipés pour trouver des solutions créatives et efficaces.

Cette clarification a aidé mes amis et ma famille à comprendre que ma pratique de la loi de l'attraction n'était pas un rejet de la réalité, mais un moyen d'améliorer ma capacité à gérer les problèmes de manière positive. Elle a transformé leur scepticisme initial en une curiosité pour comprendre comment ils pourraient eux aussi appliquer ces principes dans leur propre vie. En fin de compte, la loi de l'attraction est un outil pour renforcer la résilience et l'optimisme, permettant de faire face à la vie avec courage et espoir, même dans les moments les plus difficiles.

Mythe 3 : La loi de l'attraction fonctionne de la même manière pour tout le monde

Le mythe selon lequel la loi de l'attraction fonctionne de manière identique pour chaque personne est une idée fausse que j'ai souvent rencontrée dans mes discussions avec des amis et des membres de la famille. Beaucoup d'entre eux pensaient initialement que si certaines personnes avaient du succès avec la loi de l'attraction, alors elle devrait fonctionner exactement de la même manière pour tous. Cependant, à travers mon expérience personnelle et en observant celle des autres, j'ai réalisé que l'efficacité de la loi de l'attraction varie d'une personne à l'autre. Chacun de nous a des croyances uniques, des expériences de vie différentes et des manières distinctes de mettre en pratique ces principes. Ce qui fonctionne pour une personne peut ne pas être aussi efficace pour une autre, car chacun a son propre parcours et ses propres défis à surmonter.

J'ai souvent partagé cette perspective lors de conversations, expliquant comment nos antécédents personnels, nos attitudes et nos croyances influencent notre façon d'interagir avec la loi de l'attraction. Par exemple, quelqu'un qui a une tendance naturelle à l'optimisme peut trouver plus facile d'adopter une pensée positive, tandis qu'une autre personne, ayant peut-être un passé de difficultés et de scepticisme, pourrait avoir besoin de plus de temps et d'effort pour voir des résultats. Cette compréhension a aidé à créer un dialogue plus profond et plus empathique sur la loi de l'attraction, permettant à mes amis et à ma famille de voir au-delà des généralisations et d'apprécier les nuances de cette pratique.

La loi de l'attraction n'est donc pas une formule universelle qui offre les mêmes résultats à tous. Elle est plutôt un chemin personnel de découverte et de croissance, influencé par nos expériences individuelles et nos efforts personnels. Reconnaître cette diversité dans l'application et l'expérience de la loi de l'attraction est crucial pour comprendre véritablement son potentiel et pour appliquer ses principes de manière qui soit la plus bénéfique à notre propre vie.

En clarifiant ces mythes, non seulement j'ai amélioré ma propre pratique, mais j'ai également aidé mes proches à mieux comprendre mon parcours. Il est important de distinguer la réalité de la fiction pour apprécier pleinement le potentiel de la loi de l'attraction dans le développement personnel et la réalisation de soi.

3.2 Limites et Responsabilités

Il fut un temps où, comme beaucoup d'autres, j'avais une vision idéalisée de ce que ce concept pouvait accomplir. J'étais convaincu qu'elle pouvait apporter des solutions instantanées à tous les aspects de ma vie, des relations personnelles à la réussite professionnelle. Cette croyance a été renforcée par de nombreuses histoires et témoignages que j'avais lus, me laissant penser que la loi de l'attraction était une sorte de formule magique pour le bonheur et le succès. Toutefois, avec le temps et une expérience plus approfondie, j'ai commencé à comprendre que cette perception était loin de la réalité.

J'ai pris conscience des limites réelles de la loi de l'attraction lors d'une conversation éclairante avec mon ami Marc. Ce dernier a exprimé ses pensées de manière directe et pragmatique : "Tu sais, Jean-Denis, la loi de l'attraction n'est pas une baguette magique. Elle ne peut pas tout changer du jour au lendemain. Elle a ses limites." Ses paroles ont agi comme un réveil pour moi, me faisant réaliser que j'avais peut-être placé trop d'espérances dans une solution trop simplifiée à des problèmes complexes.

Marc a poursuivi en expliquant que la loi de l'attraction devrait être vue comme un outil pour cultiver un état d'esprit positif et proactif, plutôt que comme une solution miracle. "Elle peut t'aider à concentrer ton énergie et ta motivation, mais elle ne remplace pas l'effort personnel ni l'action concrète", a-t-il ajouté. Cette perspective a été essentielle pour réajuster mes attentes et m'a aidé à adopter une approche plus réaliste et équilibrée envers mes objectifs et défis.

Comprendre sa propre responsabilité

Initialement, je m'étais laissé bercer par l'idée séduisante que de simples pensées positives pourraient automatiquement se matérialiser en résultats concrets. Cette croyance a été rapidement mise à l'épreuve lorsque j'ai constaté que, malgré un état d'esprit optimiste, mes désirs ne se manifestaient pas comme je l'espérais. C'est lors d'une conversation édifiante avec Marc que j'ai commencé à saisir l'importance de l'action. "Tu vois, Jean-Denis, penser positivement c'est bien, mais agir en conséquence, c'est encore mieux. La responsabilité de transformer tes rêves en réalité, c'est toi qui la portes", m'a-t-il dit.

Ces mots de Marc ont été un catalyseur pour moi. J'ai réalisé que la pensée positive n'était que la première étape d'un processus plus complexe. Pour que la loi de l'attraction fonctionne réellement, il était crucial que je prenne des mesures actives pour concrétiser mes objectifs. Cela signifiait planifier, prendre des initiatives et parfois sortir de ma zone de confort. Au lieu d'attendre passivement que les choses se produisent, j'ai appris à utiliser mes pensées positives comme une source de motivation pour l'action.

Cette prise de conscience a profondément changé ma manière d'aborder la loi de l'attraction. Plutôt que de me concentrer uniquement sur l'attirance des résultats souhaités, j'ai commencé à me concentrer sur les actions nécessaires pour les atteindre. Chaque jour, je me fixais des objectifs clairs et prenais des mesures concrètes pour les réaliser. Cette approche m'a aidé à comprendre que la loi de l'attraction n'est pas une formule magique mais un outil pour créer une dynamique positive dans laquelle les pensées et les actions se renforcent mutuellement.

Éviter les extrêmes et trouver l'équilibre

Dans le processus d'apprentissage et d'application de la loi de l'attraction, une autre leçon cruciale pour moi a été de trouver un équilibre et d'éviter les extrêmes. Au début, j'avais tendance à osciller entre un optimisme excessif et un doute complet. "Tu sais, Jean-Denis, il est important de trouver un juste milieu", m'avait conseillé Marc lors d'une de nos discussions. "Ni trop d'optimisme, ni trop de pessimisme. L'équilibre est la clé."

Ces paroles m'ont fait prendre conscience que la pratique efficace de la loi de l'attraction nécessite un équilibre entre un optimisme réaliste et une action pratique. Il ne s'agit pas de se laisser emporter par des attentes irréalistes ou de tomber dans la passivité en croyant que de simples pensées feront tout le travail. J'ai appris à modérer mes attentes et à comprendre que la loi de l'attraction est un outil pour créer une vie meilleure, mais non une promesse de perfection sans effort.

Cet équilibre m'a également aidé à maintenir ma motivation et mon engagement dans les moments difficiles. En évitant les extrêmes, j'ai pu rester centré et concentré sur mes objectifs, tout en étant flexible et ouvert aux ajustements nécessaires. Comme Marc l'a souligné : "Il s'agit de naviguer dans la vie avec une boussole positive, mais aussi d'être prêt à ramer quand il le faut."

PARTIE 2

Attirer l'Amour

CHAPITRE 4 :

Préparer votre esprit à l'amour

4.1 Cultiver l'Amour de Soi

La prise de conscience de l'importance de l'estime de soi a été un élément crucial dans mon cheminement pour attirer l'amour véritable. J'ai réalisé qu'avant de pouvoir espérer une relation amoureuse saine et équilibrée, il était essentiel que je développe une solide estime de moi-même. Cette révélation est survenue au cours d'une discussion profonde avec Marc. Ce dernier m'avait déclaré avec sincérité : "Tu sais, Jean-Denis, on ne peut pas s'attendre à ce que quelqu'un d'autre nous apporte l'affection et l'estime que l'on n'est pas capable de se donner à soi-même." Ces mots ont agi comme un réveil, m'amenant à une réflexion plus profonde sur mes propres sentiments d'auto valeur.

Marc m'a aidé à comprendre que le manque d'estime de soi m'avait souvent conduit à accepter des relations qui ne reflétaient pas mes véritables besoins ou valeurs. "Tu as tendance à attirer des relations qui sont le miroir de tes propres insécurités", observait-il. Cette prise de conscience m'a poussé à reconsidérer mes propres croyances et attitudes envers moi-même. J'ai commencé à travailler activement sur l'amélioration de mon image de soi, en reconnaissant et en célébrant mes qualités et mes réussites.

J'ai adopté des pratiques quotidiennes pour nourrir mon estime de moi, telles que la méditation, les affirmations positives et le journaling. Chaque jour, je prenais le temps de me concentrer sur mes forces et d'exprimer de la gratitude pour les petites victoires. Marc m'encourageait constamment dans ce processus, me rappelant que "Chaque pas vers l'amour de soi est un pas vers une relation plus saine et plus épanouissante avec les autres."

J'ai appris que pour attirer et maintenir un amour sain et respectueux, je devais d'abord me traiter avec amour et respect. Cette nouvelle compréhension de l'amour de soi n'a pas seulement préparé le terrain pour de futures relations amoureuses, mais a également transformé la manière dont je me percevais et interagissais avec le monde autour de moi.

Comment renforcer son amour-propre au quotidien ?

Chaque matin, dès mon réveil, je prenais un moment pour me centrer et me concentrer sur des affirmations positives. J'ai appris à me rappeler mes qualités, à célébrer mes petites et grandes réussites. "Je suis capable, je suis digne, je mérite le bonheur" – ces mots, répétés comme un mantra, ont commencé à imprégner ma conscience et à modeler ma perception de moi-même.

La tenue d'un journal de gratitude est devenue une autre partie essentielle de ma routine. Chaque soir, je prenais quelques minutes pour noter les aspects de ma vie pour lesquels j'étais reconnaissant, y compris les traits de caractère et les réalisations personnelles. Cette pratique m'a aidé à voir ma vie sous un jour plus positif et à apprécier mes propres accomplissements. Comme Marc me le rappelait souvent, "En reconnaissant et en appréciant ce que tu as déjà, Jean-Denis, tu te prépares à recevoir plus. L'amour de soi attire l'amour."

Ces habitudes quotidiennes n'étaient pas toujours faciles à maintenir, surtout les jours où je me sentais moins confiant. Mais j'ai persisté, sachant que la construction de l'estime de soi était un processus progressif. "Rappelle-toi, Jean-Denis, chaque pas en avant, même petit, est un progrès", m'encourageait Marc. Cette persévérance a porté ses fruits. Avec le temps, j'ai remarqué un changement significatif dans ma façon de me voir et dans la qualité de mes interactions avec les autres.

Cette transformation intérieure a créé une base solide pour attirer et cultiver l'amour dans ma vie. En me valorisant, j'ai non seulement amélioré ma relation avec moi-même, mais j'ai aussi augmenté mes chances de trouver une relation amoureuse respectueuse et enrichissante. J'ai compris que pour attirer une relation saine et épanouissante, le travail commence en moi. L'amour-propre n'est pas seulement une fin en soi, mais le fondement sur lequel se construisent des relations saines et durables.

J'ai surtout constaté qu'en apprenant à m'aimer et à me respecter, j'ai posé les bases nécessaires pour attirer un amour qui soit non seulement désiré mais aussi sain et équilibré. L'amour de soi est le premier pas indispensable pour s'ouvrir à l'amour des autres et créer des relations qui sont véritablement enrichissantes et alignées avec nos vraies valeurs et désirs.

4.2 Libérer les Blocages Émotionnels

Mes expériences précédentes, jalonnées de déceptions et de frustrations, avaient laissé des cicatrices profondes, engendrant des peurs et des blessures qui me retenaient. Ces obstacles invisibles m'empêchaient de m'engager pleinement dans de nouvelles relations, me faisant craindre de revivre les douleurs passées. Lors d'une conversation sincère avec Marc, j'ai partagé ces craintes et ces doutes. Lui, en retour, a ouvert son cœur sur ses propres batailles émotionnelles. "Jean-Denis, affronter nos ombres est crucial pour avancer. J'ai dû faire face aux miennes pour trouver la paix", me disait-il. Sa vulnérabilité m'a inspiré à regarder plus profondément en moi et identifier les sources de mes propres peurs.

En revisitant mes expériences passées, j'ai commencé à discerner des modèles et des thèmes récurrents dans mes relations. Des échecs amoureux aux amitiés brisées, chaque événement avait laissé une empreinte sur mon approche de l'amour et de la confiance. Ces réflexions m'ont permis de comprendre que pour attirer un amour véritable et sain, je devais d'abord guérir ces blessures anciennes. "Tu ne peux pas construire un futur solide sur des fondations fragiles", avait souligné Marc lors d'une de nos discussions. Ce conseil m'a poussé à entreprendre un travail émotionnel sérieux pour surmonter ces peurs.

Tout a changé lorsque j'ai reconnu l'existence de ces peurs et blessures passées. J'ai appris que le processus de guérison n'était ni rapide ni facile, mais nécessaire pour avancer. Marc, en partageant son propre parcours de guérison, m'a montré qu'il était possible de surmonter ces défis et de trouver un amour véritable. "Chaque pas que tu fais pour guérir ton passé te rapproche un peu plus de l'amour que tu mérites", me disait-il.

Techniques de guérison émotionnelle

Dans ma quête pour libérer les blocages émotionnels qui entravaient ma capacité à attirer et maintenir l'amour, j'ai exploré une variété de techniques de guérison émotionnelle. Marc, qui partageait un chemin similaire, et moi, nous sommes engagés dans une série d'ateliers de développement personnel. Ces sessions étaient axées sur des méthodes telles que la méditation de pleine conscience et l'écriture thérapeutique, des outils puissants pour traiter et libérer nos émotions passées.

"Tu sais, Jean-Denis, la méditation m'a vraiment aidé à me défaire des chaînes de mon passé. Elle m'apporte une paix intérieure que je n'avais jamais connue", avait partagé Marc au cours de l'un de nos ateliers. Ces mots ont renforcé ma détermination à poursuivre cette voie.

La méditation de pleine conscience, en particulier, est devenue une pratique quotidienne pour moi. Elle m'a permis de m'ancrer dans le présent, libérant mon esprit des regrets du passé et des inquiétudes pour l'avenir. Quant à l'écriture thérapeutique, elle m'a offert un exutoire pour exprimer et analyser mes émotions de manière constructive. En écrivant, j'ai pu dénouer les fils emmêlés de mes expériences passées, comprenant comment elles avaient façonné mes perceptions et mes attentes en amour.

Parallèlement à ces ateliers, j'ai aussi cherché l'aide d'un thérapeute. Ces séances individuelles m'ont fourni un espace sûr et confidentiel pour explorer les couches plus profondes de mes blocages émotionnels. "Jean-Denis, parfois, avoir une oreille extérieure et professionnelle peut vraiment aider à ouvrir des perspectives que tu n'imaginais même pas", m'avait conseillé Marc après l'une de ses propres séances de thérapie. Ce conseil a été précieux, me guidant vers des prises de conscience et des changements qui ont eu un impact significatif sur ma vie émotionnelle.

Travailler sur mes blocages émotionnels a été un processus à la fois difficile et libérateur. En partageant ce chemin avec Marc, j'ai trouvé à la fois du soutien et une perspective précieuse. Ce travail intérieur a été essentiel pour me préparer à accueillir l'amour dans ma vie. J'ai appris que pour attirer une relation saine et épanouissante, il est crucial de se libérer des peurs et des blessures du passé. Ce n'est qu'en guérissant et en libérant ces blocages que l'on peut vraiment s'ouvrir à l'amour et à la vulnérabilité nécessaires pour établir des connexions profondes et significatives.

4.3 Développer une Mentalité Positive

Favoriser une mentalité positive s'est révélé être un élément clé dans mon cheminement vers l'attirance de l'amour. J'ai compris que pour accueillir l'amour dans ma vie, je devais d'abord le cultiver dans mes pensées. Ce processus a commencé par la création d'affirmations et de visualisations axées sur l'amour. Chaque matin, je me consacrais à cet exercice, prenant le temps de répéter des affirmations renforçant ma confiance en moi et mon ouverture à l'amour. Des phrases telles que "Je suis digne de l'amour" ou "Je suis ouvert à recevoir l'amour" sont devenues mon mantra quotidien, agissant comme un rappel constant de ma valeur et de mon désir d'engager des relations significatives et aimantes.

En parallèle de ces affirmations, j'ai intégré la pratique de la visualisation dans ma routine. Chaque jour, je m'octroyais quelques minutes pour m'immerger dans un état de relaxation et visualiser avec précision le type de relation que je souhaitais attirer. Cette visualisation allait au-delà de l'idée d'un partenaire idéal ; elle incluait aussi l'image de moi-même contribuant activement à une relation harmonieuse, partageant de l'affection et du respect. Cette technique m'a permis non seulement de clarifier ce que je cherchais dans une relation, mais aussi de me préparer intérieurement à être le partenaire que je souhaitais être.

Cette pratique des affirmations et des visualisations a généré un changement significatif dans ma perspective et dans ma manière d'aborder les relations. En me concentrant sur ces pensées positives, j'ai commencé à voir des changements dans ma manière d'interagir avec les autres et dans les types de relations que j'attirais. J'ai réalisé que l'amour prend naissance de l'intérieur, et grâce à ces pratiques, je pouvais non seulement attirer l'amour, mais aussi devenir une source d'amour.

Voici une liste d'affirmations que j'ai utilisées et qui ont particulièrement influencé ma transformation :

- "Je suis digne d'amour et de bonheur."

- "Je mérite une relation aimante et épanouissante."

- "Je suis ouvert(e) à l'amour et je le reçois avec gratitude."

- "Je suis un partenaire aimant, attentionné et digne de confiance."

- "Je suis plein(e) d'amour à offrir et prêt(e) à le recevoir."

- "Chaque jour, je m'ouvre davantage à l'amour véritable."

- "Je suis entouré(e) d'amour et d'affection."

- "Je suis reconnaissant(e) pour l'amour qui est dans ma vie."

- "Je suis un aimant pour l'amour positif et sain."

- "Mon cœur est ouvert à aimer et à être aimé(e)."

- "Je suis confiant(e) et sûr(e) dans mes relations amoureuses."

- "Je mérite le respect et l'amour dans mes relations."

- "L'amour véritable arrive dans ma vie au moment parfait."

- "Je suis un partenaire aimant et je mérite le même en retour."

- "Je suis complet(e) avec ou sans partenaire, mais je suis ouvert(e) à l'amour."

Rester optimiste

L'importance de l'optimisme dans la sphère des relations amoureuses est un aspect que j'ai appris à valoriser profondément dans ma quête de l'amour. J'ai constaté que le fait de maintenir une perspective positive influençait grandement ma capacité à attirer et à entretenir des relations amoureuses saines et épanouissantes. L'optimisme, plutôt qu'une simple vision idéaliste, m'a permis d'aborder les relations avec une attitude axée sur la croissance, de voir le meilleur dans ma partenaire et de transformer les défis en opportunités d'approfondissement et d'enrichissement mutuel.

Au cours de mes discussions avec des amis et en particulier avec Marc, j'ai pris conscience de l'effet contagieux de l'optimisme dans une relation. Un jour, Marc m'a fait part de sa vision : "Jean-Denis, l'optimisme dans une relation, c'est comme une étincelle qui allume un feu. Il apporte chaleur et lumière, même dans les moments les plus sombres." Ses mots ont résonné en moi, me faisant réaliser que l'attitude positive que l'on adopte peut grandement influencer la dynamique d'une relation. En cultivant l'optimisme, on crée un environnement où la confiance, l'espoir et l'amour peuvent s'épanouir.

L'optimisme m'a donc appris à aborder les défis relationnels non pas comme des impasses, mais comme des occasions d'apprendre et de grandir ensemble. "Rappelle-toi, Jean-Denis, l'optimisme n'est pas de fermer les yeux sur les problèmes, mais de croire en la capacité de les surmonter", m'avait encore dit Marc lors d'une discussion sur les relations. Cette approche m'a aidé à rester ouvert et résilient, même face aux défis, et à renforcer mes relations grâce à une communication mutuelle et une compréhension partagée.

En créant des affirmations et des visualisations pour l'amour, et en cultivant l'optimisme dans mes relations, j'ai pu attirer et entretenir des relations amoureuses plus saines et plus épanouissantes. Cette approche positive m'a aidé à voir les possibilités plutôt que les obstacles, à ouvrir mon cœur à l'amour et à vivre des relations plus satisfaisantes et enrichissantes.

CHAPITRE 5 :

Techniques pour attirer l'amour

5.1 Loi de l'Attraction et Rencontres

J'ai entamé cette aventure en me posant des questions fondamentales sur ce que je cherchais réellement chez une partenaire. Ce processus a impliqué de profondes séances de réflexion, où je me suis interrogé non seulement sur les traits de caractère et les valeurs que je souhaitais trouver chez l'autre, mais aussi sur ce que moi, en tant qu'individu, j'étais prêt à apporter dans une relation. "Il ne s'agit pas seulement de trouver quelqu'un qui te complète, mais aussi de devenir le meilleur partenaire possible pour cette personne", m'avait conseillé Marc lors d'une discussion sur les relations.

En me concentrant sur ces idées, j'ai commencé à mettre en pratique la loi de l'attraction. Par exemple, je souhaitais trouver quelqu'un qui partageait ma passion pour l'aventure et les voyages. Alors, j'ai activement participé à des activités et des groupes liés au voyage, non seulement pour nourrir ma passion, mais aussi dans l'espoir de rencontrer des individus partageant les mêmes intérêts. "C'est en faisant ce que tu aimes que tu attireras quelqu'un qui aime les mêmes choses", avait-il ajouté.

Cette approche m'a permis de rencontrer des personnes qui non seulement partageaient mes intérêts, mais qui étaient aussi alignées avec les qualités que je valorise dans une relation. En envoyant des intentions claires et en agissant en conséquence, j'ai remarqué un changement significatif dans les types de personnes que je rencontrais et dans les interactions que j'avais. Les rencontres sont devenues plus significatives, non plus basées sur des coïncidences fortuites, mais sur un véritable alignement de valeurs et d'intérêts partagés.

Aligner vos désirs avec vos actions

Aligner mes désirs avec mes actions a été un élément déterminant dans ma quête pour trouver l'amour véritable. Je savais que rester passif et attendre simplement que l'amour se manifeste n'était pas suffisant. J'ai donc décidé de prendre des initiatives concrètes pour me mettre dans des situations où je pourrais rencontrer des personnes partageant mes intérêts et mes valeurs. Cela a impliqué de m'engager dans des activités qui me passionnaient réellement. Par exemple, j'ai rejoint un club de cuisine, non seulement parce que j'aimais cuisiner, mais aussi parce que je savais que cela me donnerait l'occasion de rencontrer des personnes qui partageaient cette passion.

Cette stratégie s'est avérée fructueuse. En participant à ces activités, j'ai rencontré des individus avec lesquels j'avais non seulement des intérêts communs, mais aussi des valeurs partagées. Ces rencontres ne se limitaient pas à des interactions superficielles ; elles étaient enrichies par une compréhension et un respect mutuel de nos passions. "Tu vois, Jean-Denis, c'est en étant toi-même et en faisant ce que tu aimes que tu attires naturellement des personnes qui te correspondent", avait souligné Marc après une de mes rencontres réussies lors d'un événement de groupe.

J'ai changé ma manière de voir les relations en adoptant cette approche proactive. Plutôt que de chercher quelqu'un pour combler un vide, j'ai cherché quelqu'un qui partageait mes passions et mes ambitions. Cette démarche m'a non seulement aidé à trouver des partenaires potentiels, mais m'a aussi permis de vivre des expériences plus authentiques et satisfaisantes. En alignant mes actions avec mes désirs, je ne cherchais plus simplement un partenaire ; je cherchais une véritable connexion basée sur des intérêts et des valeurs partagés.

5.2 Créer des connexions authentiques

J'ai rapidement compris l'importance d'une communication efficace et authentique. Cette prise de conscience m'a amené à cultiver l'art d'écouter activement et de partager mes pensées et sentiments avec sincérité et clarté. Au lieu de simplement attendre mon tour pour parler lors des rencontres, j'ai commencé à me concentrer véritablement sur ce que mon interlocuteur disait, cherchant à comprendre ses perspectives et ses émotions. Cette approche a transformé mes interactions, les rendant plus riches et plus connectées. "La communication dans une relation, c'est un peu comme une danse. Il faut être en harmonie avec son partenaire, et non pas simplement attendre impatiemment de faire sa propre démonstration", m'avait sagement conseillé Marc lors d'une de nos nombreuses discussions sur l'amour et les relations.

Ce changement dans ma manière de communiquer ne s'est pas limité à l'écoute. Il a également inclus un effort pour exprimer mes propres sentiments et besoins de manière plus ouverte et vulnérable. J'ai appris à partager mes expériences, mes craintes et mes espoirs sans crainte de jugement, créant ainsi un espace de confiance et de compréhension mutuelle. "Se montrer vulnérable, c'est prendre le risque d'être vraiment vu, et c'est là que se trouvent les relations les plus profondes", me rappelait Marc. Ces conversations ont souvent ouvert la voie à des échanges plus profonds et plus significatifs, posant les fondations pour des relations basées sur la vérité et l'authenticité.

L'impact de ces techniques de communication sur mes rencontres et relations a été remarquable. En adoptant une écoute active et en partageant ouvertement, j'ai non seulement amélioré mes relations existantes, mais j'ai aussi attiré des personnes qui valorisaient et pratiquaient le même niveau de communication sincère. Cette transformation n'a pas seulement amélioré ma vie amoureuse, mais a également enrichi mes interactions dans tous les domaines de ma vie. La communication efficace est devenue pour moi un outil essentiel, non seulement pour découvrir l'amour, mais aussi pour le nourrir et le faire grandir.

En toute vulnérabilité

J'ai aussi appris l'importance de me dévoiler tel que je suis réellement, avec mes qualités, mais aussi mes imperfections. Cette démarche, bien que parfois intimidante, s'est révélée être un puissant catalyseur pour des relations plus authentiques et profondes. "Se montrer vulnérable, c'est comme ouvrir une porte sur ton âme. C'est effrayant, mais c'est là que se créent les liens les plus solides et les plus réels", m'avait expliqué Marc lors d'un échange. Ses mots m'ont encouragé à partager mes véritables sentiments, mes doutes et mes espoirs, non seulement pour me libérer de mes propres fardeaux, mais aussi pour encourager mes partenaires à faire de même.

En pratiquant cette vulnérabilité, j'ai découvert une nouvelle profondeur dans mes relations. En me montrant ouvert et réceptif, j'ai permis à mes partenaires de se sentir en sécurité pour partager leurs propres vulnérabilités. Cette réciprocité a créé un niveau de confiance et de compréhension mutuelle que je n'avais jamais expérimenté auparavant. "C'est dans nos moments de vulnérabilité que nous sommes le plus authentiques, et c'est là que l'amour véritable peut vraiment fleurir", m'avait confié Marc après une discussion particulièrement honnête et émotive. Ces moments d'échange sincère ont non seulement renforcé mes relations, mais ils ont également favorisé une croissance personnelle et une acceptation de soi.

En embrassant pleinement qui je suis et en partageant cela avec mes partenaires, j'ai pu tisser des liens basés sur la vérité et la transparence. Ces expériences ont démontré que l'amour, dans sa forme la plus pure et la plus profonde, est fondé sur la capacité de se montrer authentique et vulnérable avec quelqu'un d'autre. Cette approche m'a permis de vivre des relations non seulement plus enrichissantes, mais aussi plus durables.

Il faut aussi créer des opportunités

Plutôt que d'attendre passivement que l'amour frappe à ma porte, j'ai adopté une approche proactive, me mettant délibérément dans des situations où je pourrais croiser des personnes partageant mes intérêts et mes valeurs. J'ai compris que pour trouver quelqu'un de compatible, je devais m'engager dans des activités et des environnements qui reflétaient mes passions et mes principes de vie. "Tu sais, trouver l'amour c'est un peu comme cultiver un jardin. Tu dois sortir, planter des graines et les arroser pour les voir germer", m'avait dit Marc un jour, en soulignant l'importance de l'action dans la recherche de l'amour.

Cet état d'esprit m'a conduit à explorer diverses avenues pour rencontrer des personnes. Je me suis inscrit à des cours de cuisine, des clubs de lecture, et j'ai même participé à des événements sportifs locaux. Chaque activité était une opportunité non seulement de m'adonner à mes passions, mais aussi de rencontrer des personnes partageant des intérêts communs. En ligne, j'ai abordé les applications de rencontre avec une nouvelle perspective, en les utilisant comme un outil pour connecter avec des individus correspondant à mon profil et à mes attentes. "C'est en te mettant là où sont tes passions que tu attireras quelqu'un qui vibre à la même fréquence que toi", avait ajouté Marc, encourageant ma démarche.

En participant à ces diverses activités, non seulement je m'épanouissais personnellement, mais j'étais également plus susceptible de rencontrer quelqu'un qui partageait mes intérêts et mes valeurs. Ces rencontres ne se limitaient pas à des interactions superficielles, mais ouvraient la porte à des connexions plus profondes et significatives. En prenant l'initiative de sortir et d'explorer de nouveaux horizons, j'ai pu non seulement élargir mon cercle social, mais aussi augmenter mes chances de rencontrer un partenaire potentiel qui résonnait vraiment avec qui je suis.

Les fameuses habitudes de vie

J'ai pris conscience que le développement personnel était crucial non seulement pour devenir un meilleur partenaire, mais aussi pour attirer quelqu'un qui serait véritablement compatible avec mes valeurs et mon caractère. Cela signifiait bien plus que de simples ajustements superficiels ; il s'agissait d'une transformation profonde, touchant divers aspects de ma vie. "Tu attires ce que tu es. En devenant la meilleure version de toi-même, tu attireras quelqu'un qui est aligné avec cette énergie", m'avait conseillé Marc lors d'une de nos discussions. Cette idée m'a motivé à adopter des habitudes de vie saines et épanouissantes.

J'ai commencé par prendre soin de ma santé physique, car je savais que le bien-être physique contribuait grandement à une aura positive et énergique. Cela incluait une alimentation équilibrée, de l'exercice régulier, et un sommeil adéquat. Cependant, le bien-être physique n'était qu'une partie de l'équation. J'ai également nourri ma passion pour la peinture et la musique, me permettant de m'exprimer et de partager mes intérêts. Ces activités m'ont non seulement rendu plus heureux et plus équilibré, mais elles m'ont aussi donné l'opportunité de rencontrer des personnes qui partageaient mes passions.

Par-dessus tout, maintenir une attitude positive a été primordial. J'ai cultivé une vision optimiste de la vie, même face aux défis, en me rappelant que chaque expérience, bonne ou mauvaise, est une opportunité d'apprendre et de grandir. "L'optimisme est une force magnétique", m'avait dit Marc. "Quand tu irradies une énergie positive, tu deviens naturellement attirant." En adoptant cette attitude, j'ai non seulement amélioré ma propre satisfaction de vie, mais j'ai également créé un environnement attrayant pour un partenaire potentiel qui valorisait ces mêmes qualités.

En fin de compte, adopter un mode de vie qui reflète qui je suis et ce que je valorise m'a permis de me présenter sous mon meilleur jour, attirant naturellement des personnes qui appréciaient mes qualités et partageaient mes intérêts. Plus qu'une simple stratégie pour trouver l'amour, c'était une voie vers une vie plus authentique et épanouissante.

CHAPITRE 6 :

Maintenir et Cultiver des Relations Amoureuses

6.1 Communication Efficace dans les Relations

Le cœur de toute relation réussie réside dans une communication saine et ouverte. Pour moi, cela s'est traduit par le développement et la pratique constante de l'écoute active, la capacité à exprimer clairement mes besoins et émotions, et un encouragement constant pour que ma partenaire en fasse de même. "La communication, c'est la base sur laquelle repose la relation. Sans elle, tout s'effondre", m'avait souligné un conseiller en relations lors d'une séance. Ces paroles ont résonné en moi, me poussant à intégrer cette sagesse dans ma vie quotidienne. J'ai donc pris l'habitude de consacrer du temps chaque jour pour des conversations ouvertes avec ma partenaire, où nous partageons non seulement les événements de notre quotidien, mais aussi nos espoirs, nos peurs et nos rêves.

La mise en place de "check-ins" réguliers avec ma partenaire a été l'une des stratégies les plus efficaces que j'ai adoptées. Nous avons établi des moments spécifiques pour nous asseoir ensemble, loin des distractions de la vie quotidienne, pour discuter ouvertement de l'état de notre relation. "Ces moments sont essentiels, ils sont comme des balises lumineuses sur notre parcours ensemble", avait partagé Marc, qui pratiquait la même méthode dans sa propre relation. Ces sessions nous ont permis non seulement de rester connectés, mais aussi de nous assurer que nous naviguions dans la même direction, en harmonie avec nos besoins et nos désirs individuels.

Au fil du temps, ces check-ins sont devenus un rituel sacré dans notre relation. Ils ont créé un espace sûr où chacun de nous peut se sentir entendu et valorisé. Ces conversations profondes nous ont souvent aidés à désamorcer des tensions avant qu'elles ne deviennent des problèmes plus importants. "C'est dans ces moments de partage honnête que notre relation se renforce et grandit", avait déclaré Marc après une de ces sessions. En adoptant cette approche, nous avons pu traverser des moments difficiles avec plus de grâce et de compréhension.

Tout est dans la gestion des conflits

Face à un désaccord, l'évitement ou la répression des frustrations ne fait qu'aggraver les choses à long terme. Au lieu de cela, j'ai adopté une approche où j'affronte les problèmes directement, mais toujours avec une grande dose de compassion et d'empathie. Cette méthode repose sur la conviction que les conflits, correctement gérés, ne sont pas des obstacles insurmontables, mais des opportunités pour renforcer la relation. "Rappelle-toi, Jean-Denis, que chaque conflit est une chance de mieux se comprendre et de grandir ensemble", m'avait dit Marc lors d'une de nos discussions sur le sujet. Ces mots ont illuminé ma perception des désaccords, me permettant de considérer les conflits comme des opportunités d'apprentissage plutôt que des crises à éviter.

Dans les situations tendues, j'ai appris l'importance de maintenir mon calme et de communiquer mes pensées et sentiments sans tomber dans les pièges de l'accusation ou du blâme. Il s'agit de créer un espace où les deux partenaires peuvent s'exprimer librement et être écoutés avec respect. Marc m'avait conseillé : "Quand tu es en désaccord, essaie de comprendre d'où vient l'autre, non seulement d'imposer ton point de vue." Suivant ce conseil, j'ai pris l'habitude d'écouter activement, cherchant à comprendre la perspective de ma partenaire avant de réagir. Cette approche a souvent permis de désamorcer des tensions et d'ouvrir la voie à des solutions mutuellement satisfaisantes.

En outre, j'ai trouvé utile de mettre en pratique la technique de la pause réfléchie lors des discussions qui s'enflamment. "Parfois, il suffit de prendre un moment pour respirer, pour éviter de dire quelque chose que tu pourrais regretter plus tard", m'avait expliqué Marc. Cette stratégie consiste à s'accorder une courte pause pour se recentrer et réfléchir avant de continuer la conversation. Cette pause peut aider à prévenir l'escalade des émotions et permettre une reprise de la discussion dans un état d'esprit plus calme et constructif.

En adoptant ces approches, j'ai pu transformer les conflits de sources potentielles de rupture en opportunités pour renforcer la confiance et la compréhension mutuelle. La gestion des conflits de manière constructive n'est pas seulement une compétence relationnelle ; c'est une forme d'art qui nécessite patience, empathie et une volonté de voir au-delà de son propre point de vue. En mettant en œuvre ces stratégies, mes relations sont devenues plus fortes, plus résilientes et plus épanouissantes.

6.2 Renforcer le Lien Émotionnel

La compréhension et l'empathie sont fondamentales dans le renforcement des liens émotionnels au sein d'une relation. Au fil de mon parcours, j'ai appris l'importance de véritablement me mettre à la place de ma partenaire, de ressentir ses émotions et de comprendre ses perspectives. Cette capacité à se connecter émotionnellement n'est pas seulement une compétence, c'est une façon de vivre et d'aimer. "Se mettre dans la peau de l'autre, c'est comme voyager dans son monde. Cela t'ouvre les yeux sur des aspects de la vie que tu n'aurais peut-être jamais considérés", m'avait expliqué Marc lors d'une discussion profonde sur les relations. Cette conversation a été instructive et m'a encouragé à adopter une approche plus empathique dans ma relation.

En pratiquant l'empathie, j'ai pu mieux comprendre les sentiments de ma partenaire, ses réactions et ses besoins. Cela a non seulement facilité la résolution de conflits, mais a aussi approfondi notre connexion émotionnelle. Au lieu de supposer ou de deviner ce que l'autre ressentait, je posais des questions et écoutais attentivement, cherchant à comprendre son point de vue. "Lorsque tu écoutes vraiment avec empathie, tu ne réponds pas seulement aux mots, mais aux émotions derrière ces mots", avait souligné Marc. Cette approche empathique a créé un environnement de confiance et de sécurité, où chacun de nous se sentait valorisé et compris.

Cette pratique de l'empathie et de la compréhension mutuelle a transformé ma façon d'interagir dans ma relation. Elle a renforcé le lien émotionnel entre ma partenaire et moi, nous permettant de naviguer à travers les hauts et les bas avec une compréhension et une connexion plus profondes. Marc m'avait dit :"L'empathie ne change pas seulement la façon dont tu vois l'autre, elle change aussi la façon dont tu te vois toi-même dans la relation." En intégrant l'empathie dans ma vie quotidienne, j'ai non seulement enrichi ma relation, mais j'ai aussi grandi en tant que personne, devenant plus conscient, plus attentionné et plus connecté à ceux qui m'entourent.

Toujours encourager le développement personnel

J'ai vite compris qu'une relation épanouissante ne se contente pas de prospérer grâce à l'amour et au soutien mutuel, mais encourage également chaque partenaire à grandir individuellement. "Les meilleures relations sont celles où chaque personne est libre de devenir la meilleure version d'elle-même", m'avait dit Marc lors d'un échange approfondi que nous avons eu sur l'équilibre dans les relations. Inspiré par cette idée, je me suis engagé à créer un espace où ma partenaire et moi pouvions poursuivre nos passions et atteindre nos objectifs personnels, tout en étant ensemble.

Cette approche a impliqué de respecter et de soutenir réciproquement les aspirations et les besoins individuels de chacun. Par exemple, si ma partenaire avait un intérêt particulier ou un objectif personnel, je m'efforçais de l'encourager et de lui fournir les ressources nécessaires pour le poursuivre. Cela pouvait être aussi simple que de lui donner du temps et de l'espace pour se consacrer à ses passions, ou de discuter ensemble de ses objectifs et de ses rêves. "En vous soutenant mutuellement dans vos objectifs individuels, vous construisez une relation plus forte et plus dynamique", m'avait conseillé Marc. Cette dynamique a permis à notre relation de s'enrichir, apportant de nouvelles expériences et perspectives et renforçant notre admiration mutuelle.

Cette indépendance a non seulement évité la dépendance excessive, mais a également permis à chacun de nous de se ressourcer et de revenir dans la relation avec plus à offrir. Selon Marc : "Se donner de l'espace pour grandir individuellement enrichit la croissance commune". En suivant cette philosophie, ma relation est devenue non seulement un lieu d'amour et de soutien, mais aussi un espace épanouissant de liberté et d'encouragement mutuel pour le développement personnel.

Trouver l'équilibre entre indépendance et intimité

Il est essentiel de respecter l'espace et l'autonomie personnelle tout en maintenant une connexion émotionnelle étroite. "Même en couple, chacun doit pouvoir garder son espace personnel pour grandir", m'avait conseillé Marc lors d'une discussion sur la vie de couple. Ce conseil m'a guidé pour naviguer dans mes relations de manière à soutenir l'indépendance de chacun, tout en cultivant une intimité profonde et significative.

Trouver cet équilibre signifiait reconnaître et honorer mes besoins personnels ainsi que ceux de ma partenaire. Cela impliquait de trouver du temps pour nos intérêts personnels, de permettre à chacun d'avoir son propre cercle d'amis et d'activités, et de se soutenir mutuellement dans nos aspirations individuelles. "L'amour ne doit pas être restrictif; il doit donner des ailes à chacun", m'avait expliqué Marc. Avec cette approche, je me suis rendu compte que la relation devenait plus saine et que chacun de nous se sentait plus satisfait et valorisé. Cette indépendance mutuelle a également enrichi notre relation, car nous avions toujours de nouvelles expériences et perspectives à partager.

En même temps, maintenir une intimité étroite était tout aussi crucial. Cela signifiait prendre du temps régulièrement pour nous connecter, partager nos expériences et émotions, et entretenir notre lien amoureux. La clé était de trouver le juste milieu entre être ensemble et être soi-même. "Une relation, c'est comme une danse. Il faut savoir quand se rapprocher et quand donner de l'espace", avait suggéré Marc. En suivant cette métaphore, j'ai appris à ajuster continuellement l'équilibre entre l'intimité et l'indépendance, assurant ainsi que ni moi ni ma partenaire ne nous sentions étouffés ou négligés.

Comment approfondir la connexion émotionnelle ?

J'ai compris que pour établir un lien profond, il fallait partager plus que de simples conversations superficielles ou des activités quotidiennes. J'ai donc commencé à intégrer des moments où ma partenaire et moi pouvions partager nos expériences les plus intimes et nos émotions les plus profondes. Lors d'une discussion sur la construction de relations, Marc m'avait confié : "C'est dans le partage de nos vulnérabilités que nous construisons les liens les plus forts". En adoptant cette idée, j'ai pris l'initiative d'ouvrir des conversations où nous partagions nos souvenirs d'enfance, nos moments de doute, nos réussites et nos rêves. Ces échanges, loin d'être ordinaires, se sont révélés être des expériences émotionnellement riches, nous permettant de nous comprendre et de nous connecter à un niveau plus profond.

Cette pratique de partage profond a impliqué une certaine vulnérabilité de ma part et de celle de ma partenaire. Il était parfois difficile de parler sur des sujets sensibles ou douloureux, mais ces conversations ont été fondamentales pour renforcer notre connexion. Marc m'avait expliqué que : "En partageant quelque chose de vraiment personnel, tu invites ton partenaire à faire partie de ton monde intérieur". Cet échange d'expériences et de sentiments a créé une toile de confiance et de compréhension, tissant un lien émotionnel solide et durable entre nous.

Ces moments de partage ont également servi à renforcer notre empathie mutuelle et notre soutien l'un envers l'autre. En comprenant les expériences qui ont façonné nos personnalités et nos comportements, nous avons pu développer une compréhension plus profonde de nos réactions et de nos besoins. "Chaque fois que tu comprends la racine des émotions de ton partenaire, tu renforces la fondation sur laquelle repose votre relation", m'avait rappelé Marc. Cette compréhension mutuelle a non seulement approfondi notre lien émotionnel, mais a également amélioré notre capacité à communiquer et à résoudre les conflits de manière constructive.

En résumé, voici quelques points clés pour approfondir la connexion émotionnelle dans une relation :

- Partager régulièrement des expériences et des émotions significatives.

- Être ouvert et vulnérable lors de ces partages.

- Écouter activement et avec empathie les expériences partagées par le partenaire.

- Utiliser ces moments pour construire une compréhension mutuelle et une confiance profonde.

- Reconnaître l'importance de ces échanges pour renforcer le lien émotionnel.

En appliquant ces principes, j'ai pu construire des relations non seulement basées sur l'amour et le respect, mais aussi sur une compréhension et une connexion émotionnelle profondes.

PARTIE 3 :

Attirer l'Argent

CHAPITRE 7 :

Reprogrammer votre Mentalité Financière

7.1 Comprendre Votre Relation Actuelle avec l'Argent

Jusqu'à ce point de ma vie, je percevais l'argent simplement comme un moyen d'échange, sans lui accorder une signification plus profonde. Cependant, mon exploration dans le monde de la finance personnelle m'a ouvert les yeux : l'argent est bien plus qu'un simple outil transactionnel ; il est une forme d'énergie qui reflète nos croyances et nos attitudes. Lors d'une session de coaching, un mentor en finance m'avait confié :"L'argent, dans sa forme la plus essentielle, est le reflet de tes pensées et de tes convictions internes.» Cette prise de conscience a été le point de départ d'un profond travail intérieur où j'ai dû affronter et remettre en question mes croyances limitantes sur l'argent – ces idées enracinées qui me faisaient croire que l'abondance financière était un objectif inatteignable ou que l'argent était constamment difficile à gagner.

En me plongeant dans l'étude de l'économie personnelle et de la psychologie de l'argent, j'ai commencé à déconstruire ces croyances limitantes une à une. J'ai réalisé que nombre de ces idées venaient de mon éducation et de mon environnement, où l'argent était souvent vu comme une source de stress ou de conflit, plutôt que comme un moyen d'atteindre la liberté et de réaliser ses rêves. "Tu dois reprogrammer ta façon de penser sur l'argent pour vraiment libérer son potentiel dans ta vie", m'avait conseillé mon mentor. En suivant ces conseils, j'ai progressivement commencé à changer ma perspective, à voir l'argent comme un allié et non comme un adversaire, une ressource qui, si bien gérée et respectée, pouvait apporter abondance et possibilités.

Ce changement de mentalité ne s'est pas produit du jour au lendemain. Il a fallu du temps, de la patience et une volonté constante d'auto-évaluation et d'auto-amélioration. J'ai commencé à pratiquer la gratitude pour mes ressources financières actuelles, tout en restant ouvert aux opportunités d'accroître ma richesse. J'ai également appris l'importance de fixer des objectifs financiers clairs et réalisables, en alignant mes actions avec mes nouvelles croyances sur l'argent. En fin de compte, ce travail sur mes croyances et ma mentalité concernant l'argent a ouvert la porte à une nouvelle ère de prospérité et de succès financiers dans ma vie, prouvant que notre relation avec l'argent est aussi dynamique et évolutive que n'importe quelle autre relation dans nos vies.

Comment vos expériences passées influencent votre mentalité financière ?

La redéfinition de ma mentalité financière a été grandement influencée par un examen approfondi de mes expériences passées avec l'argent. Un souvenir en particulier a marqué un tournant : lorsque j'étais enfant, j'avais économisé avec diligence pour m'acheter un jouet convoité, mais j'ai été profondément déçu lorsque ce jouet s'est brisé peu après l'achat. Cette expérience, bien que mineure en apparence, a implanté en moi l'idée que l'argent et les possessions matérielles étaient sources de frustration et de déception. Cet incident, parmi d'autres, a façonné une vision de l'argent teintée de scepticisme et de méfiance. En revisitant ces souvenirs, j'ai commencé à comprendre comment mes interactions précoces avec l'argent avaient modelé mes attitudes et croyances actuelles.

Cette prise de conscience m'a poussé à reconsidérer ma relation avec l'argent. J'ai réalisé que mon approche de l'argent était empreinte d'une perspective négative, influencée par des expériences passées qui avaient coloré ma perception. Pour changer cette dynamique, j'ai dû activement travailler sur ces anciennes croyances et réorienter ma façon de penser. Lors d'une session d'orientation financière, mon mentor m'avait expliqué : "L'argent, en soi, n'est ni bon ni mauvais. C'est ton approche et ta mentalité qui définissent ton expérience avec lui". Inspiré par ces mots, j'ai commencé à voir l'argent comme un outil, un moyen pour réaliser mes ambitions et non une fin en soi.

En cultivant cette nouvelle perspective, j'ai appris à valoriser l'argent pour les opportunités qu'il pouvait apporter plutôt que pour sa valeur matérielle. J'ai commencé à le respecter comme un partenaire dans la réalisation de mes projets de vie, reconnaissant son rôle dans la concrétisation de mes rêves et objectifs. "L'argent est un facilitateur, il peut t'ouvrir des portes et te permettre d'explorer des possibilités autrement inaccessibles", m'avait dit mon mentor. L'adoption de cette vision m'a permis non seulement de modifier ma relation avec l'argent, mais j'ai aussi ouvert la voie à une plus grande abondance et à de nouvelles opportunités financières.

Cette transformation de ma mentalité financière ne s'est pas faite du jour au lendemain. Elle a nécessité une introspection constante et une volonté de remettre en question des croyances profondément enracinées. En reconnaissant l'influence de mes expériences passées et en choisissant consciemment une perspective plus positive et proactive, j'ai pu établir une relation plus saine et plus équilibrée avec l'argent. Cette évolution a été cruciale pour me libérer des chaînes de mes anciennes croyances et pour m'ouvrir à la prospérité et à la réussite financière.

7.2 Adopter une Mentalité d'Abondance

Auparavant, ma vision financière était souvent teintée de pessimisme et d'inquiétude. Pour transformer cette perception, j'ai entamé un processus conscient pour infuser mes pensées et mon langage d'une attitude positive envers l'argent. Chaque matin, je remplaçais délibérément les pensées négatives par des affirmations positives. Par exemple, au lieu de ressentir de l'anxiété en payant mes factures, je choisissais de voir cela comme une affirmation de ma capacité à gérer mes finances et à prendre soin de mes besoins essentiels. Ce changement de perspective m'a aidé à reconnaître et à apprécier ma capacité à gérer l'argent, transformant un acte routinier en un rappel de ma compétence financière.

Ce processus a impliqué plus que de simples ajustements de pensée; il s'agissait de remodeler en profondeur ma relation avec l'argent. J'ai commencé à reconnaître et à célébrer chaque flux financier, grand ou petit, comme une preuve d'abondance dans ma vie. Par exemple, chaque fois que je recevais un revenu, au lieu de le considérer comme acquis, je prenais un moment pour exprimer ma gratitude pour cette abondance. Cette pratique de gratitude m'a permis de me concentrer sur l'abondance présente dans ma vie, plutôt que sur les limitations financières ou les difficultés. Avec le temps, cette perspective positive a commencé à attirer plus d'opportunités et de prospérité, créant un cercle vertueux d'abondance financière.

En parallèle, j'ai consacré des efforts à éliminer tout langage négatif et restrictif associé à l'argent. Plutôt que d'affirmer "je ne peux pas me le permettre", je me demandais "comment puis-je me le permettre ?". Cette approche proactive m'a encouragé à rechercher des solutions créatives et à explorer de nouvelles voies pour améliorer ma situation financière. Au fil du temps, cette mentalité d'abondance a imprégné tous les aspects de ma vie financière, remodelant non seulement ma perception de l'argent, mais aussi ma façon de le gagner, de le dépenser et de l'investir. En adoptant une attitude positive envers l'argent, j'ai non seulement amélioré ma santé financière, mais j'ai aussi ouvert la voie à une vie plus épanouie et prospère.

Avoir de la gratitude pour sa situation financière actuelle

J'ai commencé à intégrer une pratique quotidienne de gratitude, prenant un moment chaque jour pour réfléchir et noter les éléments de ma vie financière pour lesquels j'étais reconnaissant. Cette pratique ne se limitait pas aux grandes réussites financières, mais s'étendait aux petites joies du quotidien. Que ce soit pour un café offert par un ami, une facture payée sans difficulté, ou même la simple satisfaction de gérer mon budget avec compétence, chaque expérience était une occasion de reconnaître et d'apprécier l'abondance présente dans ma vie. Cette attention constante aux bénédictions financières, même minimes, a commencé à cultiver en moi un sentiment profond d'abondance.

Au fil du temps, cette pratique de gratitude est devenue un rituel précieux. Elle m'a aidé à changer ma focalisation : au lieu de me concentrer sur ce qui manquait ou ce qui pouvait mal se passer dans mes finances, j'ai orienté mon attention sur l'abondance et les possibilités. Cette perspective positive a eu un effet remarquable. Par exemple, le jour où j'ai reçu un bonus inattendu au travail, j'ai immédiatement ressenti une profonde gratitude. Ce moment a été une confirmation puissante que la reconnaissance attire davantage de prospérité. J'ai commencé à voir chaque opportunité financière, chaque succès, aussi petit soit-il, comme un témoignage de l'abondance circulant dans ma vie.

Cette approche a non seulement renforcé ma santé financière, mais a également amélioré mon bien-être en général. En reconnaissant activement les aspects positifs de ma situation financière, j'ai pu développer une relation plus saine et plus heureuse avec l'argent. Chaque acte de gratitude a ouvert la voie à davantage d'abondance, créant un cycle vertueux où la reconnaissance et la prospérité se renforçaient mutuellement. La gratitude financière est devenue pour moi bien plus qu'une simple pratique ; elle est devenue une philosophie de vie, transformant ma manière de voir et d'interagir avec l'argent et ouvrant la porte à une vie de prospérité et d'abondance.

Le renforcement de ma conscience financière a aussi joué un rôle dans le développement de ma mentalité d'abondance. Cette démarche a nécessité une attention minutieuse et continue envers ma gestion quotidienne de l'argent. J'ai entrepris un processus d'auto-évaluation, me demandant régulièrement si mes décisions financières correspondaient à mes objectifs à long terme et à mes valeurs fondamentales. Cette introspection m'a permis de passer d'une approche réactive, souvent guidée par l'impulsivité ou la peur, à une gestion financière plus intentionnelle et alignée.

En prenant des décisions financières plus réfléchies, j'ai commencé à voir l'argent non pas comme une source de stress ou d'anxiété, mais plutôt comme un allié précieux dans la réalisation de mes aspirations. J'ai développé la capacité de planifier mes dépenses, d'investir judicieusement et d'épargner de manière stratégique, tout en gardant constamment à l'esprit mes objectifs financiers à long terme. Cette nouvelle approche m'a non seulement aidé à améliorer ma situation financière, mais a également renforcé ma confiance en ma capacité à gérer l'argent de manière efficace.

Pour soutenir cette transformation, j'ai intégré des affirmations positives sur l'argent dans ma routine quotidienne. Voici quelques-unes des affirmations que j'ai trouvées particulièrement puissantes :

- "L'argent circule librement et abondamment dans ma vie."

- "Je suis un aimant pour la prospérité et l'abondance financière."

- "Je mérite la richesse et la sécurité financière."

- "Chaque jour, je deviens plus habile et confiant dans ma gestion financière."

- "Je prends des décisions financières intelligentes et réfléchies."

- "L'argent contribue à mon bonheur et à mon bien-être."

- "Je suis reconnaissant pour l'abondance financière qui m'entoure."

- "Je crée de la richesse et de la prospérité dans ma vie."

- "Mon potentiel à attirer l'argent est infini."

- "La richesse arrive dans ma vie sous de nombreuses formes."

- "Je suis ouvert aux opportunités financières."

- "Mes actions attirent constamment la prospérité financière."

- "Je gère mon argent avec sagesse et prévoyance."

- "L'argent est un outil positif dans ma vie."

- "Chaque jour, ma richesse s'accroît et s'épanouit."

Ces affirmations, répétées régulièrement et avec conviction, ont contribué à renforcer ma mentalité d'abondance et à orienter mes actions vers des résultats financiers positifs. En cultivant une conscience financière positive, j'ai non seulement amélioré ma situation financière actuelle, mais j'ai aussi jeté les bases d'une prospérité durable pour l'avenir.

CHAPITRE 8 :

Stratégies Pratiques pour Attirer la Prospérité

8.1 Définir des Objectifs Financiers Clairs

Dans ma quête de prospérité, j'ai réalisé l'importance cruciale de définir des objectifs financiers clairs et réalistes. Ces objectifs agissent comme des phares, orientant mes actions et mes décisions vers une meilleure santé financière.

La nécessité d'objectifs réalistes

L'établissement d'objectifs financiers réalistes et réalisables a constitué une étape fondamentale dans ma quête de prospérité financière. J'ai appris qu'il est essentiel de trouver un équilibre entre ambition et faisabilité. Dans cette démarche, j'ai pris le temps de m'asseoir calmement avec un carnet pour réfléchir à mes aspirations financières à court, moyen et long termes. Mes objectifs variaient, allant de l'établissement d'un fonds d'urgence à des aspirations plus importantes comme l'achat d'une maison ou la constitution d'un portefeuille d'investissement diversifié.

Pour chaque objectif, j'ai défini des étapes spécifiques et un calendrier réaliste, rendant ainsi mes objectifs moins intimidants et plus accessibles. Cette approche structurée m'a permis de rester concentré et motivé, même face à des obstacles ou des imprévus. J'ai également pris conscience de l'importance de ne pas fixer des objectifs irréalistes ou excessivement ambitieux. Bien qu'il soit louable de "rêver grand", je me suis rendu compte que se fixer des objectifs trop élevés peut être contre-productif. Des cibles financières inatteignables peuvent mener à la frustration et au découragement, sapant la motivation nécessaire pour progresser vers des buts plus réalistes.

J'ai donc adopté une approche équilibrée, en me fixant des objectifs ambitieux mais réalisables. En me donnant des buts atteignables, j'ai pu célébrer des petites victoires en cours de route, renforçant ainsi ma confiance et ma détermination. Chaque objectif atteint est devenu un tremplin vers le suivant, créant ainsi un élan positif dans ma gestion financière. Cette méthodologie m'a permis de progresser constamment sans me sentir submergé ou découragé par des attentes irréalistes.

La clé du succès financier réside donc dans la capacité à fixer des objectifs réalistes qui motivent et inspirent, tout en étant suffisamment pragmatiques pour être atteints. En trouvant cet équilibre, il est possible de bâtir progressivement vers la réalisation de nos aspirations financières les plus élevées, tout en maintenant l'élan et la motivation nécessaires pour continuer à avancer.

Une question de planification… et de visualisation

L'élaboration d'un plan financier détaillé et la pratique de la visualisation ont constitué des étapes essentielles dans mon chemin vers la prospérité. La planification minutieuse de mes finances a été un processus approfondi impliquant une analyse rigoureuse de ma situation financière actuelle. J'ai consacré du temps à examiner de près mes revenus, mes dépenses, ainsi que mes opportunités d'économiser et d'investir. Pour chaque objectif financier que je m'étais fixé, qu'il s'agisse de constituer un fonds d'urgence, d'acquérir une propriété, ou de développer un portefeuille d'investissements, j'ai créé un plan d'action spécifique. Ce plan incluait des étapes concrètes, des délais et des stratégies pour augmenter mes revenus, comme rechercher des opportunités de promotion, envisager des sources de revenus secondaires, ou investir de manière judicieuse.

En plus de cette planification rigoureuse, j'ai incorporé la pratique de la visualisation dans ma routine quotidienne. Chaque matin, avant de commencer ma journée, je prenais un moment pour fermer les yeux et visualiser mes objectifs financiers comme s'ils étaient déjà réalisés. Je me plongeais dans le sentiment de réussite et de confiance que cela procurait, imaginant la satisfaction de voir mon fonds d'urgence entièrement financé, les clés de ma nouvelle maison dans ma main, ou le succès de mes investissements. Cette visualisation n'était pas une simple rêverie; elle jouait un rôle crucial en alignant mon état d'esprit avec mes ambitions financières. En m'immergeant dans ces sensations positives, je renforçais ma croyance en la possibilité de réaliser ces objectifs, ce qui, à son tour, augmentait ma motivation et ma détermination à suivre les plans que j'avais mis en place.

Cette combinaison de planification et de visualisation a été extrêmement puissante. Non seulement elle m'a aidé à rester concentré et aligné sur mes objectifs financiers, mais elle a aussi créé un état d'esprit propice à l'identification et à la saisie d'opportunités financières. En visualisant régulièrement le succès, j'ai développé une réceptivité accrue aux possibilités qui se présentaient, que ce soit de nouvelles avenues d'investissement ou des opportunités de croissance de revenus. Cette approche holistique de la gestion financière, mêlant planification pragmatique et visualisation positive, a été un facteur clé dans mon parcours vers l'atteinte de l'abondance financière.

8.2 Maximiser les Opportunités de Revenus

Des sources de revenus actifs et passifs

L'exploration de diverses sources de revenus passifs et actifs se révèle être une stratégie efficace. Chaque type de revenu joue un rôle unique dans l'amélioration de la situation financière globale.

Les revenus passifs

Les revenus passifs sont particulièrement attrayants en raison de leur capacité à générer des gains avec un effort minimal après la mise en place initiale. Voici quelques exemples courants :

- Investissements Immobiliers : L'investissement dans des propriétés locatives peut fournir un flux de revenus régulier après un investissement initial significatif, offrant une source stable de revenus passifs.

- Marché Boursier :

  - Actions à Dividendes : Investir dans des entreprises qui versent régulièrement des dividendes peut être une source fiable de revenus passifs.

  - Fonds Indiciels : Les fonds qui suivent les performances d'un indice boursier offrent une diversification et peuvent réduire les risques.

- Création de Contenu Numérique : La production de cours en ligne, d'e-books, ou de blogs peut générer des revenus récurrents une fois le contenu créé.

Les revenus actifs

Les revenus actifs, nécessitant une implication plus directe, offrent un contrôle accru sur le potentiel de gains. Voici quelques activités génératrices de revenus actifs :

- Freelance : Utiliser des compétences professionnelles spécifiques pour entreprendre des projets indépendants peut augmenter significativement les revenus.

- Cours Particuliers : Partager des connaissances et des compétences par le tutorat est une méthode enrichissante pour générer des revenus actifs.

- Entrepreneuriat :

  - Petite Entreprise en Ligne : Lancer une boutique en ligne dans un domaine passionnant peut être une entreprise lucrative.

  - Consultation : Offrir des services de consultation dans un domaine d'expertise est une autre avenue de revenus actifs.

- Travaux Occasionnels : Participer à des emplois saisonniers ou temporaires peut contribuer à fournir un complément de revenus.

L'adoption d'une stratégie combinant intelligemment revenus passifs et actifs permet de diversifier les flux de revenus et d'améliorer la sécurité financière. Les revenus passifs assurent une source de fonds continue, tandis que les revenus actifs offrent des opportunités de maximiser le potentiel de gains grâce à un travail ciblé. Cette approche polyvalente est essentielle pour naviguer efficacement vers une prospérité financière accrue.

J'ai également vite compris que le monde de la finance est dynamique et exige une flexibilité et une mise à jour constante des connaissances pour saisir efficacement les opportunités financières.

Mon engagement envers l'éducation financière a débuté avec une série de cours en ligne, couvrant des sujets tels que l'investissement, la gestion financière et l'entrepreneuriat.

Chaque cours m'a ouvert les yeux sur de nouveaux concepts et stratégies, élargissant ma compréhension du paysage financier. Parallèlement, j'ai participé à des ateliers sur l'investissement, où j'ai pu interagir avec des experts et des individus partageant les mêmes idées. "Chaque atelier est une opportunité d'apprendre quelque chose de nouveau, ou de voir les choses sous un angle différent", me disais-je souvent, enthousiasmé par la richesse des connaissances disponibles.

Cependant, ce qui a véritablement catalysé mon parcours d'apprentissage a été l'aide précieuse de mon ami Marc. Ce dernier ayant une expérience approfondie dans le domaine financier, m'avait dit un jour : "Tu sais, le monde financier est vaste et complexe. Il y a toujours quelque chose de nouveau à apprendre". Marc a partagé avec moi ses stratégies d'investissement, ses astuces pour découvrir des sources de revenus passifs et actifs, ainsi ses techniques de gestion financière. Ses conseils étaient toujours pratiques et adaptés à ma situation. "N'oublie pas, l'important n'est pas seulement de gagner de l'argent, mais de savoir le gérer et le faire fructifier", me rappelait-il souvent.

Grâce au mentorat de Marc, j'ai pu affiner mes stratégies financières et gagner en confiance dans mes décisions d'investissement. Ses encouragements à rester informé des dernières nouvelles économiques et des tendances du marché m'ont également été très bénéfiques. "La clé, c'est de rester agile et réactif. Le marché change, et tes stratégies doivent évoluer avec lui", insistait Marc.

Cette combinaison d'apprentissage autonome et de conseils avisés de mon ami a été cruciale dans l'élargissement de mes perspectives financières. Elle m'a permis non seulement de découvrir de nouvelles opportunités de revenus, mais aussi de maximiser l'efficacité de mes approches financières existantes. J'ai appris que la réussite financière ne dépend pas seulement de la connaissance acquise, mais aussi de la capacité à s'adapter et à appliquer ces connaissances de manière stratégique dans un environnement financier en constante évolution.

CHAPITRE 9 :

Gérer l'Abondance Financière

9.1 Principes de Gestion Financière Saine

Dans mon parcours vers la prospérité financière, j'ai tout de suite reconnu l'importance cruciale de gérer efficacement l'abondance. Un des exemples les plus frappants de la nécessité d'une bonne gestion financière est celui des gagnants de loterie qui, faute de savoir gérer leur soudaine richesse, se retrouvent sans rien en moins d'un an. Déterminé à ne pas suivre ce chemin, j'ai concentré mes efforts sur le développement d'une mentalité financière saine et durable.

Budget et stratégie d'épargne vont de pair

J'ai consacré du temps à analyser en détail mes revenus et mes dépenses, en classant chaque dépense comme nécessaire, superflue ou luxueuse. Ce processus m'a permis de distinguer clairement entre ce qui était essentiel et ce qui pouvait être réduit ou éliminé. "Tu dois savoir où va chaque euro pour le gérer efficacement," m'avait conseillé Marc, parlant de gestion financière. Ses conseils, pris à cœur, m'ont permis de structurer mes finances de manière à optimiser chaque dépense et à maximiser mes économies.

En adoptant cette approche disciplinée, j'ai réussi à équilibrer mon budget de manière à couvrir mes besoins fondamentaux tout en allouant une part importante de mes revenus à l'épargne et à l'investissement. J'ai également établi un fonds d'urgence, une mesure essentielle qui m'a apporté une tranquillité d'esprit considérable. "Un fonds d'urgence, c'est comme une bouée de sauvetage financière. Tu ne sais jamais quand tu en auras besoin, mais tu seras reconnaissant de l'avoir quand le moment viendra," m'avait expliqué Marc. Cette réserve financière m'a préparé à faire face à des situations imprévues sans perturber mon équilibre financier ou mes plans d'investissement à long terme.

Bien que rigoureuse, cette méthode m'a permis de prendre le contrôle de mes finances, de réduire les dépenses inutiles et d'accroître mes économies. Grâce à cette approche et aux précieux conseils de Marc, j'ai pu naviguer dans le monde des finances personnelles avec confiance et assurance, me préparant ainsi à gérer efficacement l'abondance financière et à faire face à tout imprévu avec sérénité.

La construction d'une croissance à long terme grâce à des investissements bien pensés

La construction de la richesse va au-delà de la simple épargne. Pour assurer une croissance à long terme de mon patrimoine, j'ai décidé d'investir judicieusement une partie de mes économies. L'objectif était de bâtir un portefeuille d'investissements diversifié, capable de résister aux fluctuations du marché et de croître de manière constante avec le temps. J'ai exploré diverses options d'investissement, incluant les actions, les obligations, les fonds indiciels et l'immobilier. "Chaque type d'investissement a ses propres avantages et risques. Il est crucial de comprendre où tu mets ton argent," m'avait expliqué Marc lors d'une discussion sur les stratégies d'investissement.

Je me suis attelé à étudier minutieusement chaque option d'investissement, évaluant les risques et les rendements potentiels. Les actions m'offraient la possibilité d'une croissance significative, tandis que les obligations étaient plus stables mais avec des rendements généralement plus faibles. Les fonds indiciels, quant à eux, m'ont permis de diversifier mes investissements à travers un large éventail de secteurs et de marchés. En ce qui concerne l'immobilier, il représentait une opportunité tangible d'investissement à long terme. Selon Marc, il ne faut pas mettre tous tes œufs dans le même panier, car la diversification est la clé pour réduire les risques et stabiliser son portefeuille.

En suivant ces conseils, j'ai construit un portefeuille d'investissement équilibré, en tenant compte de mon horizon d'investissement et de ma tolérance au risque. J'ai régulièrement réévalué et ajusté mes investissements pour m'assurer qu'ils demeuraient en phase avec mes objectifs financiers à long terme. "L'investissement est un voyage, pas une destination. Il nécessite une attention et une adaptation constantes," m'avait rappelé Marc. Cette approche dynamique de l'investissement m'a permis de naviguer à travers les hauts et les bas du marché tout en gardant le cap sur la croissance à long terme de mes actifs.

Grâce à une combinaison d'investissements réfléchis et à la guidance éclairée de Marc, j'ai pu maximiser les opportunités de croissance tout en minimisant les risques, jetant ainsi les bases d'une sécurité financière durable et d'une prospérité croissante.

9.2 Philosophie de la Richesse et Partage

Dans mon parcours financier, j'ai rapidement compris qu'accumuler de la richesse ne se résumait pas à l'enrichissement personnel. Une dimension plus profonde et plus gratifiante émergeait : la générosité et le partage. Cette prise de conscience a profondément façonné ma philosophie de la richesse.

Générosité et partage : deux valeurs indissociables

La véritable essence de la richesse m'est apparue lors d'une conversation éclairante avec mon ami et mentor, Marc. "La richesse, c'est bien plus que des chiffres dans un compte en banque. C'est l'impact que tu peux avoir sur le monde autour de toi," m'avait-il expliqué. Ses paroles ont suscité en moi une réflexion profonde sur le rôle que ma propre abondance financière pourrait jouer dans la société. J'ai réalisé que la possession de richesse m'offrait une opportunité unique de faire une différence positive dans la vie des autres. Ceci a marqué le début de mon voyage dans la générosité et le partage.

J'ai commencé par de petits gestes, en faisant des dons à des œuvres caritatives locales et en participant à des initiatives communautaires. Cependant, je ressentais le potentiel de faire davantage. Inspiré par les conseils de Marc, j'ai progressivement structuré ma démarche philanthropique. J'ai mis en place des bourses d'études pour aider les étudiants talentueux mais défavorisés, reconnaissant l'importance de l'éducation dans l'émancipation des individus et le développement de la société. J'ai également investi dans des projets de développement communautaire, contribuant à la création d'infrastructures qui amélioreraient la qualité de vie des personnes dans des communautés défavorisées. En outre, j'ai pris conscience de l'urgence écologique et j'ai soutenu des initiatives environnementales, contribuant ainsi à la préservation de notre planète pour les générations futures. Chaque action, chaque contribution était pour moi une manière concrète de redonner et de partager la richesse que j'avais accumulée.

À travers la pratique de la générosité, j'ai découvert une source profonde de satisfaction et de bonheur. "Voir l'impact positif de tes actions sur la vie des autres et sur l'environnement constitue l'une des plus grandes joies que la richesse peut t'offrir," m'avait confié Marc. Cette approche de la richesse, où le partage et la générosité sont des valeurs centrales, m'a non seulement permis de contribuer à des causes importantes, mais m'a également apporté une perspective enrichie sur la vie. J'ai appris que la vraie prospérité ne réside pas seulement dans l'accumulation de richesse, mais aussi dans la capacité à l'utiliser pour le bien-être d'autrui et pour un impact positif durable sur la société et l'environnement.

L'abondance financière pour créer un impact positif

L'engagement à utiliser ma richesse pour un impact positif a transformé ma vision de la prospérité financière. Inspiré par les mots de Marc – "Avec une grande capacité financière vient une grande responsabilité sociale" – j'ai pris à cœur l'idée d'utiliser mes ressources pour le bien commun. Cette prise de conscience a marqué un tournant dans ma gestion de la richesse, où l'accumulation de richesse n'était plus une fin en soi, mais un moyen de contribuer positivement à la société et à l'environnement.

J'ai commencé par identifier les domaines où mon apport financier pourrait avoir le plus d'impact. Les entreprises sociales et les start-ups axées sur l'écologie sont devenues des cibles privilégiées de mes investissements. "En investissant dans ces entreprises, tu ne soutiens pas seulement des idées innovantes, mais tu contribue également à résoudre des problèmes sociaux et environnementaux," m'avait expliqué Marc. Suivant ce conseil, j'ai soigneusement sélectionné des entreprises dont les missions et les valeurs étaient alignées avec mes propres convictions. En investissant dans des technologies propres, des initiatives de développement durable et des projets de responsabilité sociale des entreprises, j'ai contribué à des solutions qui favorisent un avenir meilleur.

En plus de ces investissements ciblés, j'ai également réorienté une partie de mon portefeuille vers des fonds éthiques et durables. Conscient de l'importance de l'investissement responsable, j'ai opté pour des fonds qui non seulement offraient de bons retours financiers, mais contribuaient également positivement à la société et minimisaient l'impact environnemental. "Chaque euro que tu investis de manière responsable est un pas vers un avenir plus durable," me disait souvent Marc. Cette stratégie d'investissement m'a permis de rester fidèle à mes valeurs tout en gérant efficacement ma richesse.

Cette approche globale de l'utilisation de l'abondance financière pour un impact positif a non seulement enrichi mon expérience en tant qu'investisseur, mais a également apporté un sentiment profond d'accomplissement et de contribution. En alliant richesse et responsabilité, j'ai pu réaliser que la véritable mesure de la réussite financière réside dans la capacité à utiliser cette richesse pour le bien-être collectif, créant ainsi une différence significative dans le monde.

PARTIE 4 :

Attirer le Succès

CHAPITRE 10 :
Définir le Succès Personnel

10.1 Comprendre Votre Définition de la Réussite

Contrairement à une croyance répandue, le succès ne se mesure pas de manière universelle. Ce qui peut être considéré comme une réussite extraordinaire pour une personne peut être perçu comme ordinaire, voire insignifiant, pour une autre. "Chaque individu a sa propre échelle de succès, unique et non comparable," m'avait souligné Marc lors d'une de nos discussions introspectives. Cet échange m'a encouragé à entreprendre une réflexion personnelle profonde sur ce que le succès signifiait réellement pour moi, en m'éloignant des influences et des attentes extérieures.

Dans ce processus d'introspection, j'ai réalisé à quel point il est facile de se laisser entraîner dans la course aux objectifs de réussite dictés par la société, la culture ou le milieu professionnel. "Tu dois définir le succès en fonction de tes propres termes, pas en fonction de ce que les autres pensent ou disent," m'avait conseillé Marc. Cette perspective m'a amené à réévaluer mes objectifs de vie et de carrière. J'ai commencé à me poser des questions essentielles : Quels sont les accomplissements qui me rendent véritablement fier ? Quelles sont les expériences qui m'apportent de la joie et un sentiment d'achèvement ? Loin de la pression des standards sociaux, cette approche m'a permis de redéfinir mes aspirations en termes de succès personnel.

Cette prise de conscience a donné lieu à une nouvelle approche du succès, plus alignée avec mes valeurs et mes croyances personnelles. Marc m'avait affirmé : "Lorsque tu poursuis un succès qui résonne avec ton être intérieur, chaque étape devient plus gratifiante." En suivant ce conseil, j'ai commencé à mesurer mon succès non pas par les accomplissements matériels ou le statut social, mais par le degré auquel je restais fidèle à mes principes, à mes passions et à mon bien-être personnel. Cette redéfinition du succès m'a libéré des chaînes des attentes externes et m'a permis de poursuivre des objectifs qui avaient un sens profond et authentique pour moi.

J'ai pris le temps de réfléchir à mes valeurs et à mes objectifs personnels, me demandant ce qui me rendait véritablement heureux et satisfait. "Pose-toi la question de ce qui te donne un sentiment d'accomplissement, indépendamment des opinions ou des attentes des autres," m'avait conseillé Marc. Cette démarche m'a aidé à identifier ce que je valorisais le plus dans la vie, qu'il s'agisse de réussites professionnelles, d'équilibre entre vie professionnelle et vie privée, ou de réalisation personnelle dans des domaines créatifs ou humanitaires. Reconnaître mes propres aspirations m'a permis de tracer un chemin vers le succès qui était aligné avec mes valeurs et ma vision unique de la vie.

Arrêtons de nous comparer!

La tendance à se comparer aux autres est une habitude courante, mais souvent contre-productive dans notre quête personnelle de succès. Lors d'une conversation révélatrice avec Marc, il a souligné l'importance de se détacher des comparaisons. "Chaque personne est unique, avec son propre ensemble de circonstances et de défis. Se mesurer constamment aux autres peut non seulement saper ton moral, mais aussi te détourner de ton propre chemin," m'avait-il dit. Ces mots m'ont incité à réévaluer la manière dont je percevais mes propres progrès et réussites.

En résistant à l'impulsion de comparer mes réalisations à celles des autres, j'ai commencé à apprécier mes propres succès, petits ou grands, selon mes propres critères. Cette approche m'a permis de reconnaître et de célébrer mes avancées personnelles sans les minimiser en les juxtaposant aux réalisations d'autrui. "Ton parcours est le tien, et il est aussi valable et significatif que celui de n'importe qui d'autre," m'avait encouragé Marc. En internalisant cette idée, j'ai pu me libérer de la pression de la compétition inutile et me concentrer pleinement sur la poursuite de mes propres objectifs.

Cette prise de distance vis-à-vis des comparaisons m'a aidé à me focaliser sur la définition de buts qui résonnaient véritablement avec mes aspirations personnelles et mes valeurs. J'ai commencé à tracer un chemin plus authentique, un parcours qui reflétait mes passions, mes intérêts et mes objectifs de vie. "Lorsque tu te libères du besoin de te comparer aux autres, tu ouvres la voie à une véritable auto-réalisation," m'avait rappelé Marc. Cette philosophie m'a aidé à développer une vision du succès qui était alignée avec qui je suis vraiment, plutôt que de courir après des idéaux dictés par la société ou imposés par les succès apparents des autres.

10.2 Inspirations et Modèles de Réussite

Les histoires de personnes ayant atteint des sommets dans leurs domaines respectifs m'ont non seulement motivé mais m'ont aussi fourni des leçons précieuses sur les chemins vers la réussite.

S'inspirer pour avancer

L'importance de s'inspirer des parcours de réussite a été une leçon fondamentale que j'ai apprise au cours de mes échanges avec Marc. "Chaque individu qui a connu le succès porte en lui une histoire unique, riche d'enseignements," m'avait-il expliqué. Motivé par cette perspective, j'ai entrepris d'explorer en détail les vies et les carrières de personnes diverses qui m'inspiraient profondément. J'ai plongé dans les biographies d'entrepreneurs innovants, d'artistes révolutionnaires, de scientifiques pionniers et de leaders sociaux influents, cherchant à déceler les clés de leur succès.

Au fur et à mesure de mes lectures et recherches, j'ai découvert que le chemin vers le succès de ces personnalités n'était jamais simple ni prévisible. "Regarde comment ils ont fait face aux épreuves et aux échecs. C'est souvent dans ces moments que les leçons les plus précieuses se révèlent," m'avait conseillé Marc. Cette approche a éclairé ma vision sur le fait que les obstacles et les revers sont des étapes inévitables sur le chemin du succès. J'ai appris que ces figures emblématiques n'avaient pas seulement atteint des sommets grâce à leur talent ou leur chance, mais aussi grâce à leur résilience, leur capacité à apprendre de leurs erreurs et leur détermination à poursuivre leurs rêves malgré les difficultés.

Cette compréhension a profondément influencé ma propre conception du succès. J'ai commencé à percevoir les défis non pas comme des signes d'échec, mais comme des opportunités d'apprentissage et de croissance. "Chaque histoire de réussite a son lot d'obstacles. Ce qui compte, c'est comment tu réagis et évolues face à ces défis," m'avait rappelé Marc. Avec l'intégration de cette perspective dans ma propre vie, j'ai appris à embrasser les difficultés comme des étapes nécessaires de mon développement personnel et professionnel. Cette attitude m'a permis de rester motivé et concentré sur mes objectifs, même dans les moments de doute ou de découragement.

On apprend des réussites mais aussi des échecs des autres

Suite aux conseils judicieux de Marc, "Il est essentiel de regarder au-delà des réussites éclatantes et de comprendre comment ces personnes ont fait face à leurs échecs. C'est souvent dans la gestion de l'adversité que se trouvent les enseignements les plus profonds." Cette approche m'a encouragé à scruter non seulement les stratégies qui ont conduit à des succès retentissants, mais aussi à analyser comment les individus ont réagi et rebondi après des échecs.

En étudiant diverses histoires de réussite, j'ai découvert que de nombreux parcours étaient émaillés d'obstacles et de revers. Ces échecs, loin d'être des fins en soi, étaient des étapes cruciales dans le processus d'apprentissage et de croissance de ces individus. "Essaye d'observer comment ils ont transformé leurs échecs en tremplins pour de futures réussites," m'avait expliqué Marc. Cette réflexion m'a aidé à comprendre que les échecs ne devraient pas être vus comme des terminus, mais plutôt comme des occasions d'apprendre, de s'adapter et d'évoluer. J'ai appris que la résilience, la capacité à tirer des leçons des erreurs et la détermination à persévérer malgré les difficultés étaient des qualités communes chez ceux qui atteignent finalement leurs objectifs.

Cette perspective a enrichi ma propre approche du succès. Au lieu de craindre l'échec, j'ai commencé à l'embrasser comme une partie intégrante de mon voyage. "Chaque échec est une leçon déguisée, une opportunité de croître et de s'améliorer," me rappelait Marc. Avec cette mentalité, j'ai pu aborder mes propres défis avec une attitude plus positive et constructive. Plutôt que de me décourager face aux revers, j'ai cherché à en extraire des leçons utiles qui pourraient guider mes actions futures. Cette approche m'a non seulement permis de surmonter les difficultés, mais aussi de développer une vision plus mature et nuancée du succès.

En combinant ces observations, j'ai pu forger ma propre approche du succès. Une approche qui tient compte des réalités de la vie et des affaires. J'ai appris que l'inspiration ne doit pas conduire à une imitation aveugle, mais plutôt à une adaptation intelligente des leçons apprises au contexte de ma propre vie et de mes propres objectifs.

CHAPITRE 11 :
Créer un Plan d'Action pour le Succès

11.1 Établir des Objectifs Concrets et Mesurables

La mise en place d'objectifs SMART est une étape fondamentale dans l'élaboration d'un plan d'action efficace pour le succès. Cette méthode, qui signifie Spécifique, Mesurable, Atteignable, Réaliste et Temporellement défini, est un outil puissant pour structurer et guider les efforts vers la réalisation des ambitions personnelles.

- Spécifique : L'objectif doit être clair et précis pour concentrer les efforts dans une direction définie.

- Mesurable : Il doit y avoir des critères concrets pour mesurer les progrès et savoir quand l'objectif est atteint.

- Atteignable : L'objectif doit être réaliste et réalisable pour rester motivé.

- Relevant (Pertinent) : Il doit être aligné avec les valeurs et les objectifs à long terme.

- Temporellement défini : L'objectif doit avoir une échéance claire pour créer un sens de l'urgence.

"Se fixer des objectifs SMART, c'est un peu comme dessiner une carte routière pour ton parcours vers le succès," m'avait souligné Marc. "Cela te permet non seulement de savoir exactement où tu veux aller, mais aussi de planifier comment y arriver et de mesurer tes avancées en cours de route." Cette approche m'a permis de transformer mes aspirations en objectifs bien définis et réalisables.

En adoptant les principes SMART pour mes objectifs, j'ai pu clarifier mes intentions et concentrer mes efforts de manière efficace. Chaque objectif a été soigneusement élaboré pour garantir qu'il soit aligné avec mes aspirations personnelles tout en restant réaliste et réalisable dans un cadre temporel spécifique. "Lorsque tu définis tes objectifs avec autant de précision, tu augmentes significativement tes chances de les atteindre," avait ajouté Marc. Cela m'a aidé à utiliser mon temps et mes ressources de manière optimale, en évitant les pièges de la dispersion ou de l'imprécision.

Le processus SMART fournit une structure claire et une direction, permettant de suivre les progrès, d'ajuster les plans au besoin et d'atteindre les objectifs avec plus de confiance et d'efficacité. Cette méthode rend le chemin vers la réussite non seulement plus clair, mais aussi plus accessible et gratifiant.

Décomposer les grands objectifs

Face à un grand objectif, il est facile de se sentir submergé ou intimidé par son ampleur. "Imagine un objectif comme un voyage. Tu ne peux pas atteindre ta destination en un seul grand saut; il faut plutôt le diviser en plusieurs étapes plus petites et plus réalisables," m'avait suggéré Marc, en parlant de planification efficace. Cette métaphore m'a aidé à comprendre que la réussite d'un grand projet repose sur la réalisation de multiples petits objectifs, chacun contribuant progressivement au but final.

En appliquant cette technique, j'ai commencé à diviser mes objectifs ambitieux en tâches plus petites et plus gérables. Par exemple, si mon objectif était de lancer une entreprise, je le décomposais en plusieurs étapes : réaliser une étude de marché, créer un plan d'affaires, chercher des financements, etc. Chaque étape était elle-même divisée en actions plus petites, rendant le processus moins intimidant et plus clair. "Chaque petite étape franchie est une victoire en soi et te rapproche de ton objectif final," m'avait rappelé Marc. Cela m'a permis de célébrer des petites victoires régulièrement, ce qui a grandement renforcé ma motivation et ma confiance en mes capacités.

Progresser ainsi étape par étape m'a donné un sentiment de contrôle et d'accomplissement constant. Au lieu de me concentrer sur l'énormité de l'objectif final, je me concentrais sur la tâche immédiate devant moi. Cela m'a aidé à rester concentré et à éviter la procrastination, qui est souvent le résultat de se sentir dépassé par la taille d'un projet. "La clé du succès réside dans la progression constante. Même les petits pas, s'ils sont réguliers et bien dirigés, mènent à de grands résultats," avait souligné Marc.

Finalement, cette méthode permet non seulement de rendre le processus moins intimidant, mais offre également une série de succès intermédiaires qui renforcent la motivation et la confiance en soi. Elle transforme la vision du succès en un parcours réalisable, étape par étape.

11.2 Stratégies de Mise en Œuvre et de Suivi

La planification et le suivi sont sucés éléments essentiels dans la réalisation des objectifs. Après avoir défini des objectifs SMART et les avoir décomposés en étapes gérables, il est crucial de mettre en place des stratégies concrètes pour la mise en œuvre et le suivi des progrès.

Il faut se mettre en action

La transformation des rêves en réalité nécessite une action délibérée et constante. Pour concrétiser mes objectifs, j'ai élaboré un plan d'actions exhaustif, structuré en actions quotidiennes, hebdomadaires et mensuelles. Cette approche m'a permis de maintenir une concentration continue et de progresser systématiquement vers mes aspirations.

"La clé réside dans la régularité. Les actions cohérentes, même petites, finissent par engendrer des changements significatifs," soulignait Marc, mon mentor et guide dans ce voyage vers le succès. Chaque matin, au réveil, je prenais un moment pour examiner attentivement mes tâches quotidiennes. Cette révision matinale m'assurait que chaque action que je prenais était alignée sur mes objectifs à long terme.

De plus, à la fin de chaque semaine et de chaque mois, je m'accordais un temps pour réévaluer mes plans et mes progrès. Cette réflexion périodique me permettait de m'assurer que j'étais toujours sur la bonne voie pour atteindre mes objectifs. En apportant des ajustements lorsque nécessaire, je maintenais ma trajectoire vers le succès et m'adaptais aux défis et aux opportunités qui se présentaient.

La mise en action quotidienne, soutenue par une planification stratégique et une réévaluation régulière, a été la pierre angulaire de ma réussite. Elle a apporté une structure solide à mes aspirations et m'a permis de réaliser des progrès significatifs tout en maintenant ma motivation à son plus haut niveau.

Pour garantir une progression efficace vers mes objectifs, j'ai mis en place des systèmes de suivi rigoureux. La gestion de mes progrès est devenue une partie intégrante de ma quête du succès. J'ai exploité divers outils pour accomplir cette tâche cruciale, notamment des journaux de bord détaillés, des tableaux de bord numériques personnalisés et des applications spécialisées dans le suivi des objectifs.

"Le suivi de tes progrès te donne une image claire de ta position actuelle et t'indique les ajustements nécessaires pour maintenir le cap vers la réussite," m'avait expliqué Marc, soulignant l'importance de cet aspect dans la réalisation des objectifs. Ces outils de suivi m'avaient permis de rester responsable de mes actions au quotidien. Ils ont également servi de références tangibles de mes réalisations, renforçant ma motivation à mesure que je constatais les étapes franchies.

En effet, le suivi n'est pas seulement un moyen de mesurer les progrès, mais aussi un mécanisme d'ajustement en temps réel. Lorsque je repérais des lacunes ou des domaines nécessitant une amélioration, j'étais en mesure d'apporter des modifications immédiates à mes stratégies. Cette flexibilité m'a permis de m'adapter aux changements et de surmonter les obstacles de manière proactive, m'aidant ainsi à maintenir une trajectoire constante vers le succès.

En plus de ces stratégies, voici 15 affirmations positives pour le succès afin renforcer la motivation et maintenir une perspective positive :

- Je suis capable d'atteindre mes objectifs.

- Chaque pas que je fais me rapproche de mon succès.

- Je suis résilient et surmonte les obstacles avec force.

- Ma détermination me mène à de grandes réalisations.

- Je suis concentré et dédié à mes ambitions.

- Chaque jour, je progresse vers mes buts.

- Je suis un apprenant constant et m'adapte pour réussir.

- Mes efforts me rapprochent de mes aspirations.

- Je suis capable de transformer les défis en opportunités.

- Ma vision du succès est claire et réalisable.

- Je suis inspiré et motivé par mes rêves.

- Je suis responsable de ma propre réussite.

- Je célèbre chaque petite victoire sur mon chemin.

- Je suis confiant dans ma capacité à réussir.

- Mon parcours vers le succès est unique et valide.

11.3 Maintenir la Motivation et l'Engagement

Maintenir la motivation et l'engagement à long terme est souvent le défi ultime pour atteindre ses objectifs. Cependant, j'ai personnellement découvert plusieurs techniques essentielles qui ont renforcé ma détermination tout au long de mon parcours vers le succès.

Voici mes techniques pour une motivation à toute épreuve :

- La Visualisation Quotidienne: Chaque matin, je prenais quelques minutes pour visualiser mes objectifs comme déjà atteints, ressentant la satisfaction et la joie que cela apporterait. Cette pratique régulière m'a permis de rester connecté à mes aspirations profondes.

- L'Affirmation Positive: J'ai développé une série d'affirmations positives liées à mes objectifs. Je les répétais régulièrement pour renforcer ma confiance en moi et ma croyance en la possibilité d'atteindre mes rêves. Vous pouvez vous référer aux différentes sections du livre pour voir quelles sont mes affirmations préférées.

- La Gestion du Temps: Une gestion efficace du temps a été essentielle. J'ai utilisé des techniques de planification et de priorisation pour maximiser ma productivité et éviter la procrastination.

- **L'Exercice et la Santé Mentale:** Prendre soin de ma santé physique et mentale était crucial. L'exercice régulier et la méditation m'ont aidé à réduire le stress et à maintenir un état d'esprit positif.

Je me suis créé un solide réseau de soutien

En construisant mon chemin vers le succès, j'ai rapidement réalisé que je ne pouvais pas le faire seul. L'importance d'un réseau de soutien solide est devenue évidente pour moi. Mon ami Marc, en particulier, a joué un rôle essentiel dans mon parcours. Il a été bien plus qu'un simple ami ; il est devenu mon mentor, mon confident et mon constant motivateur. Nos discussions approfondies sur la philosophie financière, les défis de la vie et les stratégies pour atteindre nos objectifs ont été une source inestimable d'inspiration pour moi.

Au-delà de la compagnie de Marc, j'ai cherché à m'entourer de personnes positives et bienveillantes. J'ai rejoint des groupes de soutien et des communautés en ligne où je pouvais partager mes expériences, poser des questions et trouver des encouragements. Ces interactions sociales ont créé un environnement propice à la croissance personnelle. C'était comme avoir une équipe de supporters derrière moi, prêts à me soutenir dans les moments difficiles et à célébrer avec moi chaque victoire.

En fin de compte, je suis convaincu que le succès ne se réalise pas en solitaire. C'est un voyage enrichi par les relations humaines, le partage d'idées et le soutien mutuel. En créant un solide réseau de soutien, j'ai renforcé ma détermination à poursuivre mon chemin vers le succès, sachant que je n'étais jamais seul dans cette aventure.

Conclusion :
Intégrer la Loi de l'Attraction dans la Vie Quotidienne

À l'heure de conclure notre exploration de la Loi de l'Attraction, il est essentiel de comprendre que cette philosophie transcende largement le domaine des concepts théoriques pour devenir une force véritablement transformante dans nos vies. Il ne s'agit pas simplement de notions abstraites, mais bien d'une méthode puissante capable de métamorphoser notre réalité. Les pratiques quotidiennes que nous avons étudiées, allant des affirmations positives à la visualisation créative, sont les outils qui nous permettent de remodeler consciemment notre existence. Elles agissent comme des guides nous menant vers des objectifs qui, autrefois, pouvaient sembler hors d'atteinte.

En effet, la Loi de l'Attraction réside dans la compréhension fondamentale que nos pensées, nos émotions et nos actions ont un impact direct sur notre expérience de vie. Elle nous enseigne que nous sommes les créateurs de notre propre réalité. Chacun de nous possède le pouvoir inné de diriger son destin en fonction de ses désirs et de ses aspirations. Les enseignements que nous avons explorés nous rappellent que notre état d'esprit et notre attitude jouent un rôle central dans la manière dont nous façonnons notre existence. Par conséquent, il est primordial de cultiver des pensées positives, de visualiser nos objectifs et de croire fermement en notre capacité à les atteindre. La Loi de l'Attraction nous montre la voie pour devenir les architectes de notre propre réalité, ouvrant ainsi la porte à un monde d'opportunités et de réussites insoupçonnées.

Les défis existent pour être surmontés

Cependant, il est impératif de reconnaître que le chemin vers la réalisation de nos rêves n'est pas toujours une progression linéaire. La vie est parsemée de défis, de revers et de moments de doute. En ces instants de remise en question, c'est notre persévérance et notre confiance dans la Loi de l'Attraction qui se révèlent cruciales. Il est essentiel d'aborder ces moments difficiles comme des opportunités de croissance. Les défis auxquels nous faisons face sont autant d'opportunités pour affiner notre compréhension de cette loi universelle et renforcer notre détermination à réaliser nos aspirations.

Il est tout à fait normal de faire face à des obstacles sur notre chemin, car ce sont ces défis qui nous permettent de grandir et de nous améliorer. La Loi de l'Attraction ne nous garantit pas une vie exempte de difficultés, mais elle nous offre les outils nécessaires pour les surmonter avec succès. En adoptant une attitude résiliente et en continuant à croire en notre capacité à attirer le positif dans nos vies, nous pouvons transformer les adversités en opportunités pour nous élever vers de nouveaux sommets de succès et d'accomplissement.

L'aventure ne fait que commencer

Ce livre marque une étape significative dans votre compréhension et votre application de la Loi de l'Attraction, mais il ne constitue en aucun cas une destination finale. Au contraire, il représente le commencement d'une aventure continue. La croissance personnelle et l'évolution constante sont des éléments clés pour intégrer pleinement cette philosophie dans votre vie quotidienne.

Continuez à affiner et à perfectionner vos techniques, en explorant de manière proactive comment la Loi de l'Attraction peut vous aider à atteindre vos objectifs et à réaliser vos rêves. Restez ouvert aux nouvelles idées et aux opportunités qui se présentent à vous. N'oubliez jamais que vous avez en vous le pouvoir de façonner activement votre réalité.

La Loi de l'Attraction est une force puissante qui peut transformer votre vie de manière positive, mais elle nécessite un engagement continu et une pratique délibérée. Soyez persévérant dans votre quête de succès, de bonheur et d'accomplissement. Vous avez le potentiel illimité de créer la vie que vous désirez, et chaque jour est une nouvelle opportunité de concrétiser vos rêves. N'oubliez jamais la puissance qui réside en vous et servez-vous-en pour atteindre des sommets toujours plus élevés.

En dernière analyse, la Loi de l'Attraction est un rappel puissant du pouvoir qui réside en nous pour façonner notre propre réalité. Elle met en lumière le fait que nos pensées, nos émotions et nos actions ont un impact significatif sur le cours de notre vie. En intégrant consciemment cette loi dans votre vie quotidienne, vous êtes sur la voie de l'accomplissement personnel et du succès durable.

Ainsi, avancez avec confiance dans cette nouvelle étape de votre vie, sachant que vous avez en vous le potentiel de créer votre propre destinée. Restez ouverts aux opportunités qui se présentent et soyez prêts à saisir ces occasions pour atteindre vos objectifs et réaliser vos rêves. Croyez en vous-mêmes, en vos capacités et en la Loi de l'Attraction, car c'est cette croyance qui vous guidera vers un avenir radieux. Le succès vous attend, et il est à portée de main pour ceux qui embrassent le pouvoir de la création. Votre voyage vers un avenir exceptionnel commence maintenant, alors saisissez chaque jour comme une opportunité de manifester vos aspirations en réalité.

www.ingramcontent.com/pod-product-compliance
Lightning Source LLC
Chambersburg PA
CBHW060946260726
48661CB00005B/1780